# ガウディ完全ガイド

編者：オーローラ・クイート & クリスティーナ・モンテス
翻訳・監修：西森陸雄

# Gaudí

## ガウディ完全ガイド

編者：オーローラ・クイート＆クリスティーナ・モンテス　　翻訳・監修：西森陸雄

X-Knowledge

Original Title: **Gaudi Complete Works**

Publisher: Paco Asensio
Authors: Aurora Cuito, Cristina Montes
Translation and proofreading: Juliet King
Art director: Mireia Casanovas Soley
Graphic design: Emma Termes Parera
Layout: Soti Mas-Baga
Photographers: Roger Casas, Joanna Furio,
Luis Gueilburt, Pere Planells, Pepe Ruz, Miquel Tres
and Gabriel Vicens

Copyright © 2003 Cuito Aurora and Cristina Montes
Japanese translation arranged with booq publishing
c/o LOFT PUBLICATIONS
through Japan UNI Agency, Inc

デザイン・組版：O design
印刷・製本：シナノ書籍印刷

目次

| | | |
|---|---|---|
| The Gaudí phenomenon | 6 | ガウディという現象　ダニエル・ジロー＝ミラクル |
| Gaudí: nature, technique and artistry | 12 | ガウディ：自然、技術、そして芸術性 |
| The life of Gaudí | 18 | ガウディの生涯 |

| | | |
|---|---|---|
| Built works | | 建築作品 |
| Casa Vicens | 30 | カサ・ビセンス |
| Villa Quijano/ El Capricho | 40 | キハーノ邸／エル・カプリチョ |
| Finca Güell | 48 | グエル別邸 |
| Temple of the Sagrada Familia | 56 | サグラダ・ファミリア聖堂 |
| Palau Güell | 68 | グエル邸 |
| Palacio Episcopal de Astorga | 78 | アストルガ司教館 |
| Colegio de las Teresianas | 88 | サンタ・テレジア学院 |
| Casa de los Botines | 94 | カサ・デ・ロス・ボティーネス |
| Bodegas Güell | 104 | ボデーガス・グエル |
| Casa Calvet | 110 | カサ・カルヴェット |
| Colonia Güell | 118 | コロニア・グエル教会 |
| Bellesguard | 124 | ベリュスガール |
| Park Güell | 134 | グエル公園 |
| Finca Miralles | 146 | ミラージェス門 |
| Restoration of the Cathedral in Palma de Mallorca | 152 | マジョルカ島パルマ大聖堂修復 |
| Casa Batllo | 160 | カサ・バトリョ |
| Casa Mila | 170 | カサ・ミラ |
| Artigas Gardens | 182 | アルティガス庭園 |

| | | |
|---|---|---|
| Unbuilt Projects | 186 | 計画案 |
| Details and furnishings | 192 | ディテールと造作 |
| Gaudí by night | 216 | ガウディの夜景 |
| Poetic vision | 224 | ポエティック・ビジョン |
| Appendix | 232 | 追補 |

# The Gaudí phenomenon
# Gaudí: nature, technique and artistry

ガウディという現象

ガウディ：自然、技術、そして芸術性

# The Gaudí phenomenon
ガウディという現象

　ガウディの生誕150年を迎える今日、彼の作品に対する評価と注目はますます増加する傾向にあります。この状況において、私は何がこのような現象を引き起こすのか、建築世界において、その作品の何がそれほどまでに特異であるのかを考えます。ガウディは、作品が優秀であるから成功したわけではありません。彼が指揮した主要な作品は20を数える程度しかありません。また、その作品の多くがバルセロナの市街に集中していることから、その成功が、作品の広い世界への拡散によるものでもないことは明らかです。もちろん、彼が仕事を妨げるすべての物事から常に離れた立場をとっていたからといって、彼自身が、自らの名声の優秀なプロモーターであったとも言えませんし、ましてや、多くは敵対していた同時代の人々に、彼の提案が熱狂的に受け入れられたわけでもないのです。それゆえ、今日におけるガウディに対する悪評や1926年の死の直前を含めた彼に対する世間からの無関心を正当化する、合理的な解答を得ることは容易ではありません。

　恐らくガウディの秘密は、彼が芸術的、技巧的な偏見なしにして、建築の創造に取り組む明確な手法を持っていたことにあると考えられます。彼独特のスタンスと設計手法に関する広い知識によって、彼はその時代に際立つ存在となりました。彼は19世紀の流れの中で、ネオロマネスクと近代主義におけるバロック的な嗜好による折衷主義的な建築を創り出しました。ガウディは、モンタネールやプッチ・カダルファルク、V・ホルタ、H・ギマール、C.R.マッキントッシュ、オットー・ワグナー、ホフマン、オルブリヒなど、全ヨーロッパレベルで自らの建築言語を確立した著名な建築家達と並んで取りあげられ、建築と芸術史に関する主要な紙面を飾るほど頻繁にテーマにあげられてきています。しかし、ガウディにはそれ以上の何かがあるような気がします。彼は、歴史的様式に忠実であり、1900年代の楽天的なブルジョアジーを望みながらも、伝統を打ち破る力を持った男性的で圧倒的な人物です。彼は建築をその本質から再考し、そして嗜好、素材、構法、施工技術、構造計算のシステム、様々な幾何学のレパートリーなどを独自の方法で構築していきました。ゼロから始めるこ

とそのものを望んだわけではありません。デザインであれ技術であれ、建築に関わる全てのリソースを克服することによって、何からも自由で独創的な仕事を可能とした直感力に基づく、個人的な冒険に乗り出すことができたのです。ガウディが使用したシンボルに対する難解な仮説に基礎を置いて、あえて彼を予言者であったと述べる人々がいますが、誰もそれを実証することはできません。ガウディは19世紀から20世紀への移行の時代にあって、最もすばらしい理性の一つであったと言えます。彼はその時代、ヨーロッパで急増したネオ中世ロマネスク主義がいずれは終焉を迎えるべきであると認識していました。変化し続ける世界には新しい生活のシステムを導入することが必要であり、建築はそれを表現しなければならなかったのです。

　ガウディは1878年に、バルセロナの建築技術学校で建築家の資格を取りました。ネオゴシックとアラブ様式を基本としながら努力と失敗を繰り返した初期の作品は、父の工房で学んだ、芸術活動における言語と素材に関する知識の収得に結びついています。彼の経験は、バルセロナのビセンス邸で最高潮に達します。そこである一つの建築的解法を手にすることになったのです。それは今日私達がガウディの作品として認識している紛れもないあの建築的語彙の種でした。つまり歪んだ表層、放物線や双曲面、螺旋状のリズム、燃えるような色彩の使い方などです。この建築的な語彙はイズムのない建築に対峙するかのように、過去のいかなる様式からも異なるものでした。彼の門弟であったマルティネルは「我々にできることは彼を呼んで、ここに来てもらうことだけです」とまで述べています。

　後年、ガウディは経験的な職人哲学に傾倒していきました。これは彼が経験を重視し、18世紀の間に最高の時代を迎えたそれらの事物を受け入れていたことを意味します。

　この建築家の、「全てのことを試さずにはいられない」という癖は、恐らくタラゴナの片田舎から都会に出てきた田舎者の常識から来るものだったのかもしれません。彼らは仕事熱心で、材料やエネルギーを大切にする現実的な人々だったのです。

一つないしはいくつかの理由によって、ガウディは何か新しい建築的手法を試みる時に、彼のキャリアの重要なポイントに到達していました。
　彼は工房を実験室へと変化させていきました。スタディのための模型を作り、耐候性のある素材、花崗岩や玄武岩、斑岩等を研究するとともに、波打つ壁や天井、傾いた柱を提案し、また、光の導入や空気の流れに興味を持っていました。彼は頭上の電線のたわみをみて建物の構造を解析しました。また、空間のボリュームをデザインするために、鏡や写真、非ユークリッド幾何学的な形態を使っています。
　彼の図太さは多くの人を驚かせ、そしてほとんど理解されることはありませんでしたが、コロニア・グエル教会や、ペドレラ、グエル公園やサグラダ・ファミリア聖堂などのすばらしい建築を生み出したのです。これらは市民や特定のジャーナリスト達からは批判されることになりましたが、作品の持つ特異な力は同時に大きな驚きでもありました。当時の著名な哲学者であり、ガウディの友人でもあったフランセスク・プホルは次のように述べています。「偉大なるガウディの全ての作品において起こったことは、誰も彼の作品を好きになれなかったにも関わらず、誰一人として面と向かって彼にそれを告げた者はいないということだ。なぜなら彼自身、喜びとは無縁であることを主張するスタイルを持っていたからである。」この言葉は今日ではやや的を外れた言い方であるように思われます。なぜならガウディの作品は引き続き驚きを引き起こすだけではなく、その作品が世界中の大多数の市民によって、建築のカルト的な存在へと変質させられてきたからです。

　そしてここで我々ははじめて、ガウディが歴史の中で生き続ける意味を発見するのです。彼の作品の幾つかは、ユネスコによって歴史的記念碑や、世界遺産などの文化資産であるという宣言を受けました。これらの作品の多くは再生されており、多くの場合、私的財産から公共の所有物となっています。生前ガウディはミラ邸、あるいはペドレラとして広く知られている建築は、いずれ大きなホテルか会議場になるであろうと述べていました。彼の予言は1996年に現実のものとなります。ある金融グルー

プがこの建物を文化センターとして再生したのです。用途が変わった建物はペドレラだけではありません。グエル別邸のコーチハウス館は今日ではカタルーニャ工科大学のガウデイ記念講座の本部となっています。グエル邸（ガウディのパトロンの住宅）、サグラダ・ファミリア聖堂、コロニア・グエル教会は、現在一般に公開されています。カサ・カルヴェットの1階では、元からの所有者によってレストランが経営されています。カサ・バトリョは現在会議場となっていますが一部は予約をすれば見学することができます。ペドレラは展示場、オーディトリウム、短期の賃貸住宅を含む複合施設になっています。屋根裏と屋上庭園はエスパイ・ガウディ（ガウディの空間）と名付けられています。

　アストルガ司教館は博物館を設置し、レウス市のボティーネスの住宅は金融会社の本社となっており、常設展示のギャラリーを併設しています。そしてついにコミージャスのエル・カプリチョもレストランになりました。

　これらのガウディの建築は、その卓越した個性ゆえ、一般に公開されることとなっていると言えます。それぞれの作品は用途が変わってはいるものの、ガウディの力は変わらず存在しています。

　このように、私達がこの偉大な建築家にむけてオマージュを捧げる最良の方法は、これらの建物を訪れ、彼の作品を見ることではないでしょうか。建物を訪れてはじめて私達は彼の建築手法、居住空間、ファサードや屋根など相互に存在するあらゆる調和を理解することができるのです。ガウディを解体して語ることはできません。彼は形態のロジックであり、芸術の頂点であるからです。

ダニエル・ジロー＝ミラクル<br>
美術史家／評論家、「国際ガウディ年」代表理事

# Gaudí: nature, technique and artisty
ガウディ：自然、技術、そして芸術性

ガウディは、ブドウ園、オリーブやイナゴマメの木が植えられた山岳地帯、カンプ・デ・タラゴナで育った。この地方には、小さな村やいくつかの岩峰が点在する。幼年期のガウディの、風景を観察する才能が、彼に特別な世界観を与えた。ガウディは動物や植物も含めた彼をとりまく環境から、建築を創造するに必要な構造の法則の全てを寄せ集めた。

　例えば、建築の屋根裏にアーチを配置する彼の手法は、脊椎動物の骨格と類似しており、またサグラダ・ファミリア聖堂の列柱は木々のように枝分かれしている（写真1）。曲がりくねったファサードやバルコニー、壁は、海の波あるいは風に吹かれる芝地の動きを描写している。建築家と創造者の役割とを比較しながら、ガウディの全ての建築は、創造世界の規範を再解釈する。建築家という職業への特別な思い入れのため、ガウディは周囲の社会的、家族的、そして文化的生活を放棄し、デザインするためだけの人生を謳歌した。

　作品の中での自然の取り込み方（写真2、3）においては、同時代のモダニスト達が抽象化した装飾をグローバルなスタンスで用いていたにもかかわらず、彼は時折花のモチーフを直喩的に再現している。同時代の国際的な動きとしては、ウィリアム・モリスによって導かれたイギリスのアーツ・アンド・クラフト運動があり、芸術には自然への深い敬意が吹き込まれている。

　ガウディは建築的問題を解決するにあたって自然の簡素さと即時性を信頼していた。彼は複雑な数学的計算を信用せず、そのかわりに「経験主義的」な検証を選択した。この手法によって、彼は構造の荷重や装飾の最終形態を計算するための数術的実験を実現することができた。彼の理想的な道具は一定の縮尺で作られた模型であり、彼はこれらを様々なデザインプロセス、例えばカサ・バトリョにおける煙突の漆喰の形態や、サグラダ・ファミリア聖堂の彫刻などを調整するために活用した。

　計画を進めるのに彼の助けとなる形態模型以上のものを必要としていたガウディは、新しい検証模型を活用した。最も革新的だったのは、小球をつめた袋をコードでつるした骨組模型である。金属の重量は、建物が支持しなければならない重量と比例する。従って、コードの形状を観察することにより、彼は柱とアーチの配置を想定することができた。ガウディはコロニア・グエル教会の地下聖堂（写真4）でこの方法を実物大の模型で活用し、観察どおりに建設することに成功した。

4

16　ガウディ：自然、技術、そして芸術性

ガウディの建築に鉄筋コンクリートや鉄骨があまり見られないのは、彼の、有機的な構造体に対する情熱からみて明らかである。これらの素材は、数術的な計算を利用したときのみに有効となる。ガウディのすばらしい建築アイデアは、木材や石、あるいは鉄細工でのみ実現可能であった。ゆえに彼は、これらの素材を専門的に扱う芸術家や職人達を周りに集めた。

　陶器タイルについて（写真5、6、7）ガウディは、住宅の建設を彼に委託した有名なバルセロナの実業家、マヌエル・ビセンス・イ・モンタネルの貴重なアドバイスを信用した。この住宅の内外部には、数多くの複雑な彫刻が施された陶器タイルの帯状装飾がある。輝き、塗装された陶器の熟練された使用は、ガウディが様々な計画でデザインしたモザイクのなかで真価が認められる。ガウディは、カサ・バトリョの内部パティオでの光の問題をこのタイルの色彩で解決した。タイルの青い仕上げにグラデーションをつけることにより、ガウディはこの空間の隅々まで均等に光を展開することに成功したのである。

　鉄細工のフィリグリー（金属のすかし細工）は、ガウディの全ての作品において見られる（写真8）。グエル別邸（写真9）の門は、ヴァレ・イ・ピケの作業場で製作された最も象徴的な例である。ガウディはまた、他の計画でバルコニー、手すり、そして照明にも鉄を使用した。彼は工業素材である鉄を繊細に扱い、ダイナミックで精巧な形態へと変容させた。

　ガウディはまた、木の使い方においても、彼の創造的なデザインを実現させた当時の職人達への信頼を深めた。特に関心を示すものとして、カサ・イ・バルデスによって造られたカサ・バトリョのドア（写真10）やスクリーン、植物のモチーフ（写真11、12）で満たされたカサ・ビセンスの格天井がある。

　ガウディと、彼にとって大切な協働者達はまた、漆喰、石、レンガそしてガラスなどその他の素材でもすばらしい作品を作りだした。革新的な応用、波形の形態、そして彼の素直な使い方により生まれた素材の新しい機能性は、これらの熟練した職人達なしでは実現不可能だったであろう。カルレス・マニ、ホセフ・リモナやロレンツォ・マタマラなどの著名な彫刻家との関係はまた、技術と芸術とが調和した偉大な組み合わせを生み出したのである。

10

11

12

# The life of Gaudí
ガウディの生涯

# The life of Gaudí
## ガウディの生涯

　1926年6月7日の午後のこと、独りの老人が考えに浸りながら、バルセロナの中心部をあてどなく歩いていた。グラン・ヴィアとバイレン通りの角まで来たとき、老人は路面電車にはねられた。

　被害者は上着に身分証明書を入れていなかった。深い傷を負い血に覆われたその身体は、まだ息があったにもかかわらず、そのまま線路脇の地面に寝かされた。瀕死の重傷を負った老人は乞食と間違えられ、救急車で、浮浪者や貧者のためのサンタ・クリュー病院へ運ばれた。2日後、病院は避けられない事故のために老人が死亡したと確認した。小さく気の滅入るような部屋で、彼はひとりの身内にも看取られることなく、息を引き取った。

　栄光も苦悩もなく70代で息をひきとったその老人は、偉大な贖罪聖堂であるサグラダ・ファミリア聖堂の建設に12年以上も身体と魂の全てを捧げてきた建築家、アントニ・ガウディ・イ・コルネだった。贖罪聖堂はときに侮蔑的表現で、「貧者の大聖堂」と呼ばれていた。

　アントニ・ガウディは、時を遡ること74年前、タラゴナのレウス市に生まれた。レウス市はカタルーニャ第二の都市とされた人口を誇り、南ヨーロッパで最も活気溢れる商業及び産業の中心地だった。その頃、生粋のレウスっ子の生涯を描写するのに、二つの言葉が使われていた。それは天才と狂気という言葉である。

　建築として成立することがほとんど不可能であるような形態を見た同世代の人々にとって、ガウディは尊大ぶった変わり者以外の何者でもなかった。ガウディの無尽蔵の想像力は魅惑的な構造を発明したが、それらが実現したのは、深い合理主義と建築学的知識に裏打ちされていたからにほかならない。ガウディはその生涯を通じて、決して数多くはなかったが幾人かの人間に、才能、技術、建設に対する特別なビジョン、デザイン、芸術性を認められた。彼らはガウディの作品を楽しみ、ガウディの創り出す、建築の新潮流の扉を開いた独自のボキャブラリーに強い関心を示した。

　1852年6月25日、身分の低い職工であったガウディ・コ

写真左：1888年、36歳のアントニ・ガウディ
（写真：レウス市郷土資料館、サルバトール・ビラセカ）

写真右：20世紀初めのカタルーニャ広場（バルセロナ）。ガウディは、この中央広場の隣に建つサン・フィリップ・ネリ教会に通っていた。

ルネ夫妻は、彼らの5番目の、そして最後となる子供を授かった。アントニ・パラシド・グイレム・ガウディ・イ・コルネである。ガウディの兄弟はローザ（1844–1879）、マリア（1845–1850）、フランシスコ（1848–1850）、もうひとりのフランシスコ（1851–1876）であった。ガウディの兄も姉も若くして死に、後年、長生きした両親にとってガウディはたったひとりの子供となった。ローザだけは結婚して、ローザ・エジェア・ガウディという名前の女の子をもうけている。

アントニは高齢になるまで生きたが、子供の頃は病弱だった。虚弱体質は幼少期の彼に深い影響を与え、生涯にわたる習慣を決定づけた。彼は徹底的な菜食主義で、できるかぎり歩くようになった。

5歳になるとこのガウディ・イ・コルネ家のいちばん小さい住人は、ひどい痛みに悩まされ、長時間家にこもらなければならなくなった。医者は関節炎と診断した。歩けなくなり、ラバに乗らなければならないこともしばしばだった。その年頃の他の子供たちと違って、小さなアントニは病気の負担に打ち勝つために、想像力を鍛えなければならなかった。

他の子供のように走ったり跳んだりするかわりに、ガウディは理解したり、周囲を眺めたり、独自の視点から世界を見たりすることをすぐに学んだ。自然に魅了され、何時間も、石や植物や花や虫や住んでいた田舎の家で飼っていた動物を眺めて楽しんだ。痛みに悩まされ、貧弱だったにもかかわらず、ガウディは夢をみることを覚えた。ガウディの想像力は独自の宇宙を創り、この宇宙は後に建築によって現実のものとなった。

ガウディが初めて通った幼稚園に、フランシスコ・ベレンゲールという先生がいた。（興味深いことに、このベレンゲール氏の息子は、後にガウティの最も親しい共同制作者となった）。この幼稚園はレウス市にある住宅の最上階にあった。まだほんの幼い子供であったが、アントニは信じがたいほどの視覚的な鋭さをみせた。この時代の彼の行動は、彼が仰大な観察者であることを証明している。先生が鳥について話し、なぜ鳥は飛ぶための羽を持っているかを長々と説明した後で、ガウディは彼の家で飼っている鶏も羽を持っているが、その羽は飛ぶためでなく、速く走るために使われていると応じたのである。

11歳になるとガウディは、古い聖フランシスコ修道会の中にある宗教学校、レウス市のエスコラピオス校に通い、勉強を始めた。大衆層の教育を目的につくられたこの学校は、個人の寄付と地元行政府との契約で運営されていた。若いガウディがカソリック、十二使徒の教え、ローマについて学んだのはここである。後にカタルーニャを代表する建築家となる、彼の熱烈な信仰、献身、宗教心はおそらくここから始まったのだろう。ガウディがサグラダ・ファミリア聖堂の建設に没頭しているとき、聖アントニ学校の卒業生グループが、教会に彼を訪ねてきた。ガウディは彼らに、エスコラピオス校で学んだことを誇りに思っていると話した。彼はそこで「聖母マリアによって肉体をもち、世界へ使わされたキリストによる、人類救済の聖なる物語の価値」を見い出したと語ったのだ。

　高校時代のガウディの活動に特筆すべき点は見あたらない。実際、現在まで残っている彼の成績というのは、一つか二つの科目に落第点のある、月並みなものだ。ガウティは内気で孤独でシリアス、複雑な性格と繊細な心をもっていた。彼は権威的なシステムや学校での鍛錬、厳しい規則とはうまくやっていくことができなかった。この時期、彼は絵画や建築に強く惹きつけられ、手仕事に恐ろしいほどの能力を発揮した。ガウディはこの能力を使って、学校の週刊新聞のイラストを描いたり、学校劇の舞台大道具の飾りを描いたり色を塗ったりしていた。

　彼のその後の生涯を通じて続く仕事となる建築への傾倒とともに、ガウディは高校を卒業し、さらに建築を勉強するためにバルセロナへ移った。21歳のとき建築高等技術学校への入学が認められた。入学が認められるまでに、ガウディは予科で5年間、勉強しなければならなかった。このときガウディは兵役にも呼ばれている。歩兵連隊への参加が予定されていたが、兵役はどうにかまぬがれたらしい。

　建築の勉強を始めてすぐの1876年に、兄のフランシスコが亡くなった。数年後には母が兄の後を追うように亡くなった。ガウディは残りの学生時代を父親と姪のローザ・エジェアと共に暮らすことになった。それは結婚しなかった彼がもちえた、たった一つの家族であった。

写真下：ガウディがカサ・バトリョとカサ・ミラを建てたグラシア通り。
写真右：ガウディが街灯をデザインしたレアル広場。

### 彼の人となり

ガウディの故郷は、彼の人生や態度に多くの影響を与えた。生まれた村に深く繋がっていると感じ、血筋に忠実だったにもかかわらず、若い頃のガウディは、上流階級の暮らしに魅了された。しかし晩年には贅沢を排し、ほとんどすべてを放棄し、ガウディは苦行者として人生を終えた。ガウディの容貌はその出所を反映していた。彼は鼻が高く彫りの深い顔立ちをし、頬骨の高い、がっしりした体つきの男で、その強靭さは、若い時分には赤味がかり晩年には白くなった金髪の下に隠されていた。彼は明るい色の肌に、人を魅了する、透き通るような濃いブルーの瞳をしていた。その印象的な北方系の姿が、若い頃にはクラスメートを遠ざけ、芸術家仲間から避けられることになったが、彼は、自分はカタルーニャ人であり、地中海人種だと強く主張した。ガウディは堂々たる姿をしていたが、内気でナイーヴであり、強く難しい性格と気性の持ち主であった。彼は自分の荒い気性を自覚していて、時折それを発散させた。

当時、経済的に困窮していたガウディの父親は、家族の資産を手放さなければならなかった。向上心に燃えた若き建築家は、こうして勉強を続けることができた。そして幾つかのバルセロナの建築主たちの仕事を請け負い、家にお金を入れたのだった。

　高校のときと同じように、大学でもガウディは特筆すべき成績ではなかった。しかしこのことは、確立された建築の学問や基礎的な知識などの習得の妨げにはならなかった。もっとも、そのような知識はすぐにガウディにとって必要なくなるのだが。

　大学の建築は彼が思い描いていた華々しく革命的なコンセプトに、ほんの基礎的な一部を補足するだけのものだった。大学生としてのガウディは他の学生とは異なる提案のプレゼンテーションをすることによって、製図と計画の授業では抜きんでた成績を修めている。1878年に建築高等技術学校の校長は、ガウディを含む最高点を与えられた4人の学生を大学総長のところへ送り、建築家の称号を与えてよいものかどうか伺いをたてた。

　ディプロマを手にしたガウディは売れっ子になった。卒業後の仕事の幅は実に広く、キオスクやら擁壁やら鉄細工を使った門扉やらサン・ジェルバージ（後にバルセロナ市になった町）劇場の円柱付き屋根やら、ありとあらゆるものを設計した。彼はエステバン・コメージャという手袋工場の店のための、ガラスのショーケースまでデザインしている。これは1878年に開催されたパリ万博のスペイン館に展示された。

　ガウディが大学を卒業した年、バルセロナ市役所は、街灯として使われていたガス灯のデザイナーに彼を選出した。ガウディはバルセロナのレアル広場に六本腕の街灯を作り、プラ・デ・パラウに三本腕のものを作った。彼がバルセロナの街のために作った作品はこれだけである。その後、両者の間で意見の食い違いが起こり、以後市の施設設計へのガウディの参加の道は閉ざされた。

　ガウディが経験した最初の大きな仕事は、レウス市の出身者であり、アメリカ合衆国で一財産を築いたサルバトール・パジェスからの依頼だった。パジェスはマタロ労働組合の委員長であり、バルセロナから30キロのところにある海岸の町に、

労働者のための住宅を作ろうとしていた。ガウディはこの仕事に最もふさわしい建築家とされ、指名された若きガウディは完璧なまでの都市をデザインした。しかし、実際には計画のごく一部分が建設されただけであり、彼は深い失望を味わった。にもかかわらずこの作品は1878年のパリ万博で紹介され、ガウディが名声を得る一因となった。この時点からガウディは、より裕福なクライアントから、更なる重要な仕事を任されるようになった。仕事量は増え、それまでの人生の苦労は、少なくともこの時点では、終わりを告げた。

ガウディの心の拠り所の一つとなったのは、その経験だった。学生時代に彼はビジャールの元で働いていたし、シウタデリャ公園のためのさまざまな計画で、建築家のジョセフ・フォンセレールと共作したこともあった。しかしガウディを最も助けてくれたのは、ベテラン建築家のホアン・マルトレルであった。彼は助手であり秘蔵っ子であるガウディの潜在能力と才能を十分承知していた。マルトレルはガウディに新しい人生の扉を開いた。彼はガウディのパトロンとなり、親友となり、クライアントとなる男を紹介したのである。エウゼビ・グエル・イ・バシガルーピである。グエルのガウディに対する信頼のおかげで、バルセロナのその他の主要人物たちもガウディにさまざまなプロジェクトを依頼することになった。

エウゼビ・グエルは、カタルーニャ産業界で精力的に活躍する有力者であり、カタルーニャの指導的経済学者であるホアン・グエル・フェレールの息子だった。母方の血筋から、彼は芸術や文化に対する情熱を受け継いでいた。エウゼビ・グエルは、音楽や彫刻や絵画を理解した。彼は方々へ旅行し、美術館や外国の記念建造物を見るのが好きだった。そういうわけで、1878年に彼がパリへ、万博と、仕事で使う最新の織物機械を見るために出かけていったのも不思議ではない。万博で、素晴らしい展示物がグエルの目にとまった。バルセロナに帰るとグエルは、その作品が誰の作品か探すよう指示した。そしてすぐにグエルとガウディの友情は花開き、それはグエルが1918年に死去するまで続いた。友人であるガウディの建築をほかの誰一人として、彼のように理解できた者も、評価できた者もいなかった。

2人の男の社会的背景はあまりにも違っていたのだが、彼らは互いに似た精神をもっていた。2人とも深くカタルーニャ人であることを誇りを持っており、そして彼らのナショナリズムはカタルーニャの文化とスタイルを、妨げられ迫害されている時代も含めて、可能な限り採用するように働きかけた。彼らはまたできる限り、カタルーニャ人としての権利を要求した。こういった愛国主義的感覚はガウディの数多くの作品に登場する彫刻や、「セニエラ」（カタルニアの旗）の四本の線を描いた紋章の塗装を含む装飾的、象徴的な細部に表現されている。

ガウディのパトロンとなったグエルから依頼された最初の仕事は、グエルがバルセロナ近郊に所有する土地に建設を希望していた狩猟小舎だった。さらに大規模な計画がこれに続いた。バルセロナのランビア近郊に位置する都市邸宅や、夏の別荘や、実業家グエルがその時代英国の労働者のためのソシアルハウジングに使われた政策を基に建設を望んだ、労働者住宅都市などである。

ガウディの仕事はこれだけではなかった。彼はグエルの専属として働いたわけではなかった。ガウディは他の依頼をもちこんできた発注者たちのための建物、たとえばレンガ製造会社社長であるマヌエル・ビセンス邸や、コミージャスにあるマッシモ・デイアス・デ・キハーノの夏の別荘、サンタ・テレジア学院、アストルガの司教館も同時に設計した。また、最後のカタルーニャのアラゴン国王、マルティ・イ・ウマ王の夏の館だった土地に、マリア・サゲスのための別荘も設計している。

一旦グエルの親しい友人になってしまうと、ガウディは仕事量や報酬を増やし、知り合いの輪を広げた。多産の時代に入り、そのことは同時に建築的経験の増えたガウディに、独自のボキャブラリーを創り出すことを促した。1883年に、ホアン・マルトレルは難しい問題に直面した。彼はサグラダ・ファミリア聖堂の設計を引き継ぐ、新しい建築家を探していたのである。

サグラダ・ファミリア聖堂建設基金のマニャネット神父は、すでにサグラダ・ファミリア聖堂のデザインを構想し、1882年に最初の礎石も据えていた。ジョセフ・ボカベッラが建設費用を集める担当者だった。それは贖罪聖堂であり、費用のす

写真左：ガウディは、ランブラ・デ・カプチーノスの近くに、エウゼビ・グエルの館を建てた。
写真右：バルセロナのオペラハウス

### ガウディはフリーメーソンだったか？

ガウディについては多くのことが語られてきた。しかしその多く―麻薬中毒者、錬金術師、テンプル騎士団員、ホモセクシュアルであったなど―は単なる憶測の域を出ない。しかし、これらのどれかに彼があてはまるという証拠は、何もない。最も広くいわれているのは、ガウディがフリーメーソンに属していたという説である。数多くの人間がそれを証明する細部を探しあてようと、ガウディの作品を検証した。何人かはガウディが幾つかの細部に対して抱いている妄想を指摘し、他の者はガウディがエドワルド・イ・ホセフ・フォンセレや、フリーメーソンと認識されていた石工宿舎に所属する人間を周囲に置いていた事実に着目している。それが事実か否か、いずれにせよクリスチャン、カソリック、ローマ宗教の学校で教育を受け、さらに己自身を建物の設計や宗教的品々に捧げた建築家が、彼らがいうように裏と表の人生を送る能力があったとは、信じがたいことである。

べてを寄付金だけで賄わなければならなかった。計画を担当していた建築家は、かつてガウディの大学の恩師だったフランシスコ・デ・パウラ・デル・ビジャールだった。地下聖堂の建設が始まるやいなや、ビジャールとボカベッラの意見は対立し、ビジャールはついに辞任してしまう。当時ボカベッラの元で建築委員だったジョアン・マルトレルは、教会建設の指揮をガウディにとらせてはどうかと提案した。ボカベッラは二つの理由でその解決案に反対した。一つにボカベッラは老獪な建築家を信頼し望んでいたことが挙げられ、二つめには、設計はすべて終わり、原則として日々日常の作業になっていたことが挙げられる。

ガウディは自ら決断し、サグラダ・ファミリア聖堂に専念することになる。1914年までは他の仕事と平行しながらであったが、以後、亡くなるその日まで、彼は他の仕事を一切受けず、自身の大きな妄想から気を散らすことになるすべてから逃れて、サグラダ・ファミリア聖堂に没頭した。ガウディはかつて、「建築における新潮流の、最初の大聖堂」となるだろうと語ったサグラダ・ファミリア聖堂に人生のすべてを捧げたのである。

通勤時間を削るために住む場所を教会の隣に移し、天才芸術家はその最期の時を教会建設にどっぷりと浸かって過ごした。

孤独で悲哀に満ち、枯れ果て、よれよれの身なりだったが、老いた建築家は終わりを区切ることなく、神とプロジェクトへ己の人生を捧げていた。だが彼の夢は不幸な事故によって1926年6月7日に中断されてしまう。老人ガウディは身なりに構わず、まるで乞食のような男になっていたため、路面電車にひかれ重傷を負ったにもかかわらず、彼は地面に寝かされたままだった。

誰も気にとめなかった乞食に、ひとりの男が救いの手を差し伸べた。その男の正体は最近になってわかったのだが、繊維商のアンゲル・トマス・モヒノで、彼は通行人と一緒に犠牲者を救出し、通りがかりのタクシードライバーを説得して、病院へ運ぼうとした。しかしトマス・モヒノには運がなかった。最終的に貧者のための病院へ連れて行かれた天才は、運命の事故から3日後に、みすぼらしい部屋で息を引き取ったのだった。

### 福者？

ガウディについて確かにいえることは、彼が宗教に対して特別な強い感情をもつ、真の宗教人だったということだ。多くの人々が彼の中に模範的なクリスチャン、聖人としての姿を見た。彼が神聖化されるにつれ、彼を福者とする為のプロセスが推し進められている。バチカンは提案を検証し、福者へのプロセスを是認した。今後バチカンが最終結論に達するまで、賛否両論を検証する長く困難な道のりが続くであろう。ガウディの墓は、そこを巡礼の地へと変えた帰依者たちの聖地になっている。

### 国際ガウディ年

アントニ・ガウディ生誕150年を記念して、バルセロナ市役所は2002年を国際ガウディ年にすると宣言した。第一歩として、このカタルーニャの建築家の仕事を深く研究し、再発見し、知ることのできる特別な機会を用意し、年間を通じて楽しむことができる多数の催しを実施した。多数の展示、代表的な作品の見学ツアー、本、CDROM、ガイド、エッセイの出版…。建築の歴史のなかで最も重要な天才の作品を楽しむためのバスツアーも企画した。

写真右:キリスト聖体祝日の行列に加わるガウディ。1924年、バルセロナ大聖堂前にて。
（写真：Branguli、カタルーニャ国立アーカイブ蔵）

# Built works

建築作品

# Casa Vicens

カサ・ビセンス

1883–1888

実測のため現地を訪れると、
そこは小さな黄色い花で全体が覆われていた。
私はそれをタイルの柄のテーマにした。

ダイナミックな構成は、
技術に裏付けられた幾何学的コンビネーションや、
変化に富む反復された多彩色のデザインで構成されている。

　1883年、若年のガウディは、建築家としての最初の仕事の一つを完成させた。カサ・ビセンスは彼の初期の作品であるにもかかわらず、そこからはカタルーニャ人作家の想像力、感受性や技能が垣間見える。カサ・ビセンスには、その後のガウディが、曲線や難解な形態への傾倒から放棄した、直線的な造形がみられる。とはいえこの人目を引く、個性的な建物には確かにガウディの技法が表現されている。

　グラシア市近郊カロリナス通り18-24番に建つカサ・ビセンスは、中世の建築に触発されたスペインの建築形態とアラブ文化を彷彿とさせる要素とが組み合わされた、壮大な建物である。建築形式は、この時代の流行として固定しつつあったボザール様式より、ムデハール芸術により近いものである。

　タイル商マヌエル・ビセンスは、庭のある夏の別荘の設計を依頼した。建設用地は、閑静で、伝統的な建物に囲まれている。このような条件はいくつかの問題の原因となるが、ガウディは屈することなく彼独特の技法を残しつつ環境に見事に調和する住宅をつくりあげた。ガウディは、カサ・ビセンスを幾何学的ボリュームの微妙な組み合わせとして想像していた。技術と熟練により実現した、下層部の水平の帯と、上層部の、釉薬を使って艶やかなタイルの装飾がアクセントとなった垂直のラインが特徴的である。正方形平面で2階建てのこの建物は、見た目よりも小さい。ガウディは外壁に黄土色の自然石をはじめとしたシンプルな素材を基本要素として選択し、レンガと組み合わせて使用した。この組み合わせの結果、レンガが装飾的な要素として際立ち、またチェス盤のようなパターンの、様々な色のタイルもまた同じ効果を生みだしている。着彩された陶板と小さな塔は構成にアラブ的な感覚を付与し、窓の鉄格子や、小さなバルコニー、鉄細工の庭門の近代的な形態と心地よく対比されている。

　通りがその後拡張されると、樹木、噴水、庭の一部を含むいくつかの要素は撤去されなければならなかった。1925年、J.B.セラ・デ・マルティネスは、ガウディによる規範、形態、そして色彩をできるかぎり尊重し、住宅の増築を行った。1927年、バルセロナ市はこの業績に対し、セラ・デ・マルティネスに建築賞を与えた。

ガウディはムーア様式を参考にしながら、その類いまれなる才能で初期の仕事のひとつであるこの建物を完成させた。惜しみなく使用されたファサードのタイル装飾や、玄関ドアをはじめ、バルコニー、手すり、窓格子などに施された魅力的な鉄細工が特徴的である。

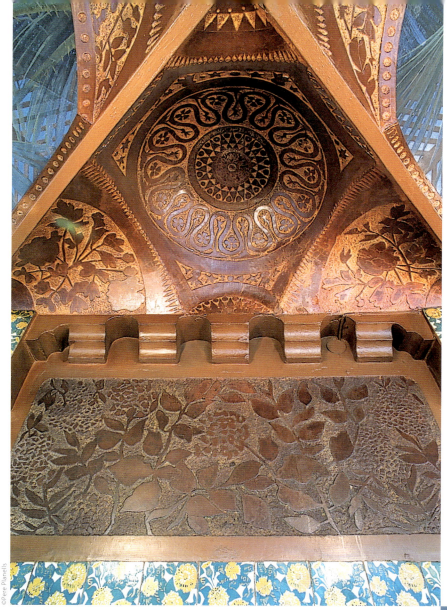

贅沢に飾られた吊り天井は、ガウディのトレードマークのひとつである。ダイニングルームにつながるギャラリー内に配置されたこの部屋には、だまし絵を施した2つのヴォールトを組み合わせた。絵にはヤシの木の枝が表現されており、ヴォールト天井もまた、膨大な野菜のモチーフで装飾されている。

バルセロナでの初期の住宅計画であるカサ・ビセンスで、
ガウディは建築と彫塑芸術との融合のありかたを提案している。
彼は自身の生産活動や創造的活動を通して、
これらの手法を繰り返していく。

ガウディはダイニングルームの煙突の下部を釉薬で仕上げたタイルで覆い、そのフードをスタッコで装飾した。隣接するギャラリーからこの空間を分節するドアとの間の領域には、額装された小さな飾り織物を補足するように、動物の大きなドローイングを施した。

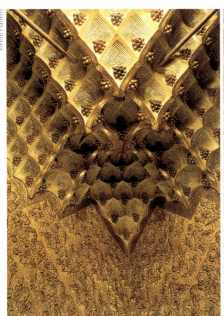

天井や壁を覆う豊かな装飾は、ガウディの無限の才能を改めて証明している。野菜や花をモチーフとした様々な形態がバロック風の装飾を強調している。例えば、喫煙室では真っ白な色で壁を仕上げ、ある高さから先はヴォールト天井によってイスラム建築のスタイルが踏襲されている。ヴォールト天井の表面は漆喰で覆われ、ヤシの葉を模した彫刻が施されている。

建築的アイデアとして、またガウディにこの建物の計画を委託したタイル商、マヌエル・ビセンス・イ・モンタネールに敬意を表し、ガウディは住宅の内装壁の多くと同様、ファサードの壁に釉薬で仕上げたタイルを使って装飾した。

# Villa Quijano/ El Capricho

キハーノ邸／エル・カプリチョ

1883–1885

所有者はディアス・デ・キハーノと呼ばれていた。
私は独り言のように呟いた。キハーノ、キハーダ…キホーテ、そっちへ行かない方がいい、
なぜなら私たちは互いに理解しあえないだろうから。

建物を囲う自然の環境は、
この建築の輪郭を明確にしている。
自然から得た色合いが
色彩のコントラストの調和を作り上げる。

　この邸宅のオーナー、マッシモ・ディアス・デ・キハーノは独身である彼のニーズを満たす別荘を探し求めていた。キハーノ邸は'気まぐれ'という意味の言葉「エル・カプリチョ」と呼ばれるようになる。キハーノは自身の要望を実現させるためガウディに設計を依頼し、完成まで家のコンセプトやスケッチは全く提供しなかった。

　建物は、コミージャス（サンタンデール県）の郊外に位置し、片田舎の自然の緑の間に孤立するように配置されている。キハーノ邸は、バルセロナのビセンス邸を含む同時期に完成したガウディの建築と明確な共通点がみられる。しかしエル・カプリチョは、一見するとより抑制された簡素なデザインが感じ取れる。明らかに直線より曲線の方がデザイン面では支配的となっている。さらに、スペインの中世建築様式と東洋の要素を融合させるという試みもなされている。

　このガウディによるスタイルの集積は、最終的に挑発的で、私的な建物となって完成した。ガウディは、邸宅の建設にあたり現場管理を友人のクリストバル・カスカンテ・イ・コロムに委任した。偏向的なオリジナリティが内部と外部に通底されているにもかかわらず、ガウディは、機能性を放棄することはしなかった。その証拠に、彼は内部の空間構成に特別な注意を払っており、それにより独身男性の生活と要望にふさわしい空間が完成した。また外部のデザインでは、雨の多いこの地域の気候的条件にあった傾斜屋根を採用している。

　このコンパクトな建物は、ソリッドな石の基礎から立ち上がっている。黄土色や赤色のレンガは、ひまわりをモチーフにしたレリーフ模様がちりばめられた、釉薬で仕上げられた緑色のタイルのラインによって強調されている。建物の構成の力強さは、建物上部の、軽快ですらりとした一見何の機能もなさそうな見晴台によって中和されている。見晴台は４本の太い支柱により形成された望楼から立ち上がっている。また、軽快な鉄の支柱で支持された独特な小屋根が架けられ、重力の法則に逆らったかのような、またはイスラム教寺院モスクの典型的なミナレットの外観を発展させたかのようにも見える。

4本の柱からすらりとした塔がそびえ立っている。塔は一見何の機能も持たないように見えるが、全体の構成においては支配的な要素である。タイルで覆われた円柱状の幹が、聖体を冠した鉄の小さな欄干を支持している。

44  Villa Quijano/ El Capricho

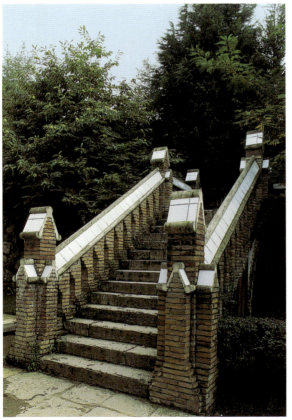

正方形断面の鉄棒による軽快な欄干をもった石で支持された持ち送りのバルコニーの直線は、屋根の曲線で印象が和らいでいる。この直線が建物の角で交差したとき、それらは独創的な鉄細工のベンチとなる。

ステンドグラスの窓など、この建物はガウディ独特の建築的特徴を幾つかもっている。それらの窓のうち2つが残っている。ひとつは鳥が鍵盤をたたく様子を描いた絵で、もうひとつは蛾がギターの弦にとまっているものである。ともに住宅において、音楽と建築とをいかに組み合わせるかというガウディ独特の意志を示した例である。

ガウディは住宅の内部空間、特に構成と装飾的ディテールに特別な注意を払った。空間の配列は若い独身オーナーの要望に完璧に応えている。建物は1992年に日本の団体に買収され、「エル・カプリチョ・デ・ガウディ」というレストランになっている。

大きな窓が空間を光で満たしている。
部屋を視覚的に大きくみせているもうひとつの要因は、
芸術的な木製の格間を含む、高い天井である。

キハーノ邸は「生きた有機体」として考えられ、太陽の位置が住宅における1日のアクティビティを規定している。それぞれの部屋は、そこで起こりうるアクティビティやその季節によって、南、西、または北へと向けられている。

# Finca Güell

グエル別邸

1884–1887

鉄細工の熟練された作品、「竜の門」はギリシャ神話に触発されてつくられた。
竜は装飾的形象でもあり、門の背後に隠れたガウディの世界を見張る守護者でもある。

> ガウディは新しい建築言語を用い、
> そして以後彼の作品の共通の特徴となった
> ヴォールト形状を見い出した。

1884年、ガウディの最も親しい友人の1人であり、彼の仕事上の主要なパトロンでもあったエウゼビ・グエルは彼に、バルセロナ近郊のレス・コルツとサリアの間に、後年バルセロナのベッドタウンとなる団地の建設を依頼した。この仕事は、いくつかの既存建物の修復のほか、三つの門を含んだ閉じた壁、管理人宿舎、馬小屋、噴水、展望台、専属のチャペルそして多様な装飾的オブジェを含むその他の付加的な要素をつくることであった。

グエルが1870年に入手したカン・フェリウとバルディロタワー、そして1883年に購入したカン・クヤスの三つの地区が、広大な団地の建設用地としてつながっている。グエルの要望に対し、ガウディはエントランスに最大の重要性を付与した。人用と馬車用二つの門は二つの別館の側面に配置されている。左に配置されたボリュームは管理人の住居であり、右のボリュームは馬小屋として設計され、それに隣接して調教場の建物が計画されている。

管理人宿舎は三つのボリュームに分節して計画されている。メインのボリュームは八角形平面、隣接する他の二つは長方形平面で計画されている。開口部を台形に広げたことに加え、壁を白く塗装したことによってこのエリアは豊富な光に満ちている。この身廊の隣には調教場として使用される四角形平面の、放射線状アーチを持った小さな部屋がある。管理人宿舎と馬小屋の間には、竜の彫刻を施した巨大な鉄細工の門がある。1885年、ガウディの創造的なデザインを元に、ヴァレ・イ・ピケの工房で手作業により造られた。

馬車用の門扉のデザインから想像すると、すべてはギリシャ神話「ヘスペリデスの園」の伝説から具体的なインスピレーションが見い出されたことがわかる。この伝説は金のリンゴの保護を任命された3人のニンフの物語である。彼女たちはそれをなくすと、罰せられ、木に姿を変えられた。そのリンゴが発見された庭は、無愛想な竜に見守られている。

馬小屋に架けられたドームには、窓としての多数の開口部が穿たれ、内部空間に均質な光が充満している。ドームの屋根、アラブ調の小さな塔の色鮮やかなタイル片や仕上げの表情が、バロック風の感覚をかもし出し、建物の構造に使われている印象的な赤レンガや石の形状とコントラストを成している。

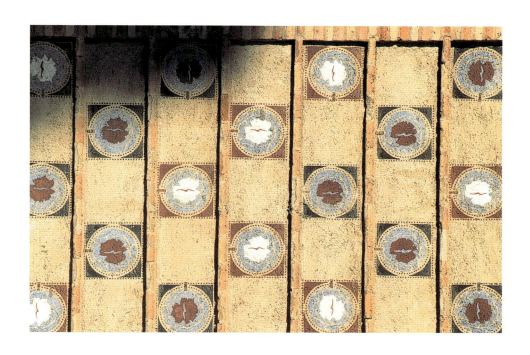

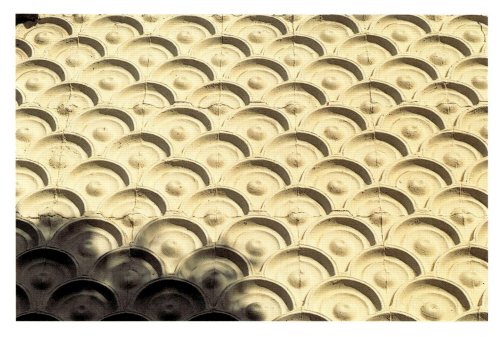

ガウディは、外部空間や内部空間に対する彼の建築的、装飾的創造力と才能を解放した。それぞれの建物は完全に違うスタイルであるにもかかわらず、それらは馬小屋と管理人棟のファサードを覆う装飾的解決によって融合されている。どちらの建物も装飾的モチーフで飾られている。これらの建物の外壁を覆う半円形の抽象的要素が、レンガの静けさとコントラストを成す。それらはまた、イスラム建築に使われる伝統的なアラブの装飾を彷彿とさせる、独特でオリエンタルな表情を全体に与えている。

古い馬小屋の棟には、ガウディ記念講座が設けられている。この空間は、長方形平面の壁から立ち上がるヴォールトと、ここと隣接する正方形平面を持つ古い練習場の空間とをつなぐ部分の放射線状アーチが特徴的である。床はレンガで作られ、この空間を支配する鉄細工のドアは、同じくレンガでできた主要な梁の下に配置されている。壁の柔らかい色調、屋根を覆う明るいドーム、そして壁面にあけられたさまざまな開口によって、均質で雄大な方法で内部を光で満たしている。

Photographs of Finca Güell: Pere Planells

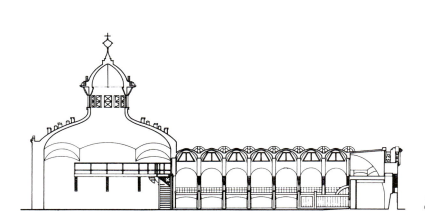

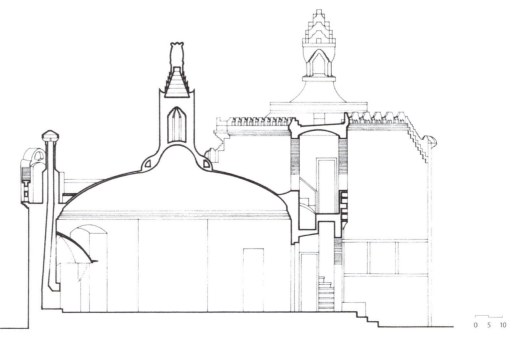

# Temple of the Sagrada Familia

サグラダ・ファミリア聖堂

1883–1926

サグラダ・ファミリア聖堂はガウディが建てる最後の聖堂にはならないだろうが、
新しい一連のシリーズの、最初のものになるであろう。

58　Temple of the Sagrada Família

サグラダ・ファミリア聖堂の建設は
100年以上も続いており、
今もなお完成は遠い。

　1887年に書籍商であったホセ・マリア・ボカベッラを指導者とするサン・ホセ信徒会が、寄付金による大規模な聖堂の建設計画に着手し、建築家のフランシスコ・デ・パウラ・デル・ビジャールが無償で設計図を提供した。それはネオゴシックの教会で、敷地の直交軸に一致するように配置された、地下聖室のある三廊式教会だった。

　1882年3月19日のサンホセ祭の日に、最初の礎石が据えられた。ビジャールは1年後に、この仕事の指導責任者の立場から身を引いた。工事費が予算の段階で既に超過しており、委員会と意見の不一致が生じたためである。委員会の責任者であったホアン・マルトレル・モンテールスは、弱冠31歳のガウディを主任建築家に推薦した。1884年、ガウディは始めにサン・ホセ聖室の祭壇の立面図と断面図を完成させた。聖室の図面はその1年後に完成した。

　ビジャールのネオゴシックの案とは異なり、ガウディは多くの革新的なアイデアを提案し、既に完成していた地下聖室の上にラテン十字平面の教会をのせるというプランを心に描いた。ラテン十字型の地上階部分にはドームを冠した七つの祭壇があり、これはサン・ホセの苦悩と罪業へと捧げられた。交差廊両端の扉はイエスの受難と誕生のために、マジョルカ通りに面した正面の扉は栄光のために捧げられた。正面の上部に、ガウディは4本の塔を設置した。全体で12あるこれらの塔は、十二使徒を表す。イエス・キリストに捧げられた中央の塔を取り囲むようにさらに4つの塔があり、これらは四福音使徒へ、1つは聖母マリアへ捧げられている。

　サグラダ・ファミリア聖堂は自身が石造りの聖書であると考えられ、敬虔な信者がカソリックの教えを学ぶことができるように、イエスの生涯における数々の場面や旧約聖書の象徴が再現されている。

　1926年6月15日、ガウディは路面電車にはねられるという事故に遭う。彼はその3日後にサンタ・クリュー病院で逝去した。以来、聖堂の擁護者と批評家によって建設完了に関する討論が行われてきた。建設工事は今もなお、世界中から集められた寄付によって続けられている。

生誕の門内部の装飾は、外部のものよりはるかに抑制されている。形状はボデーガス・グエルのようだが、これからまだ存在しない多くの彫刻が施されるだろう。サグラダ・ファミリア聖堂は当初モンジュイックの採石場で採れた石で造られていたが、1956年以降は人工石とコンクリートで作業が進められている。

聖堂のスケッチ

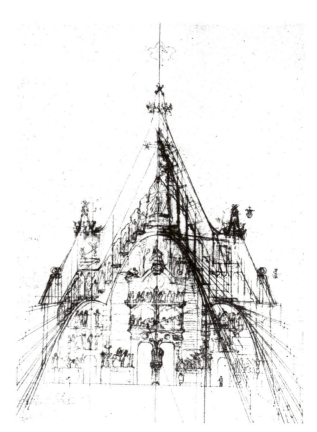

透視図

60　Temple of the Sagrada Familia

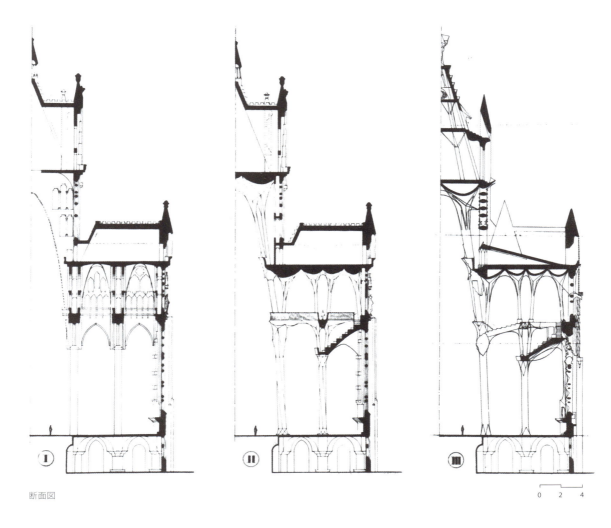

断面図

0 2 4

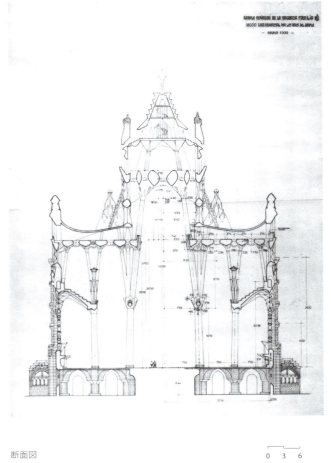

断面図

0 3 6

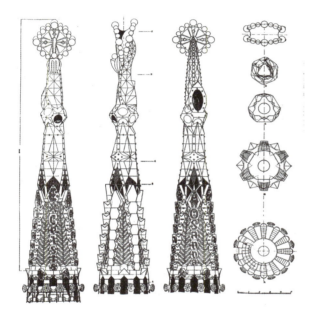

立面図及び断面図

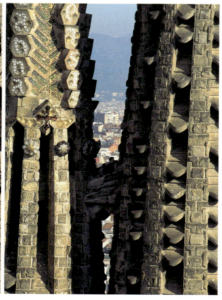

ファサードのためにアーティストがデザインした彫刻は、人や生きた動物をモデルにガウディが制作した等身大の石膏模型をベースにしている。興味深い例として、ガウディが近くの食堂のウエイターをモデルにした、聖イノケンティウスの惨殺の場面のローマ兵がある。

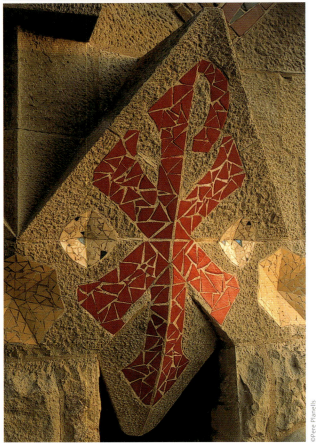

塔の頂部の尖った部分を被う部材の修繕が難しいことから、ガウディはヴェネツィアのムラーノ島の職人に、極めて耐候性の強いガラスモザイクタイルの製作を依頼した。これは数え切れないほど多くの職人との共作のほんの一例である。また、ガウディは、ホアン・マタマラ・イ・フロタッツやリョレンス・マタマラ・イ・ピノール、ショーメ・ブスケッツなどの彫刻家たちにも協力を要請した。

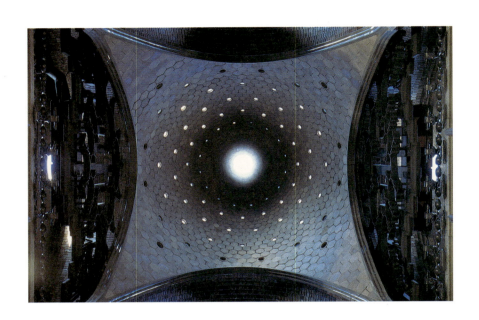

# Palau Güell

グエル邸

1886–1888

ガウディは、アヤソフィアのモスクにインスピレーションを得て、
グエル邸内部の星降る夜空のような、独特なドーム天井を生み出した。
そのドームは、建物の中心にあるこの大きな空間を光で満たす
支配的な存在となっている。

ガウディは、制限のない予算とすばらしい独創性によって、
驚愕と拒絶までをも引き起こすような
新しい建築的解決方法を持った建物を創り出した。

エウゼビ・グエルが彼の擁護する建築家に与えたもう一つの仕事であるグエル邸は、ユネスコより世界遺産建築物の指定を受け、ガウディを一躍有名にした建物である。ガウディは恐れることなく、また予算的な制約もなくこの住宅の設計をした。この建設にあたり、彼は最上の石、最上の鉄細工技術、そして最高の木工芸技術を活用し、当時としては最も高価な住宅を完成させた。

この都市型邸宅は、バルセロナ旧市街の窮屈で幅の狭い通りに面するという立地条件のため、外観を一望することはできない。敷地条件の難しさや地域の不適当さにもかかわらず、グエルはこの通りに一族の資産の象徴となる建物を建設することを目的として、邸宅を建てることを決めた。

落ち着きのある質素な石のファサードは、訪れる者に荘厳で絢爛たる内部空間を予期させることはほとんどない。この計画では、以前にも増して外部装飾への配慮に専念していたガウディに、前代未聞の贅沢な装飾にあふれた内部空間へ、彼の創造性を注ぎ込む機会をもたらした。

ガウディはまた、建設の工法についても重要視していた。伝統的なベネチア風の宮殿を思い起こさせる規範的なデザインと力強い歴史的造形が特徴的な最終案のファサードが決定するまで、25を越える計画案が検討された。放物線状アーチの形態をもつ二つの大きなドアがファサードに穴を穿ち、馬車と歩行者兼用のアプローチとなっている。邸宅は地下1階、地上4階に加え屋上庭園で構成されている。馬小屋と、馬具倉庫へはそれぞれ二つの斜路を作った。サービス用のものは螺旋状の斜路、馬用のものはより緩やかな斜路となっている。

長年、この邸宅は、この地域の社会的、政治的、そして文化的中心であった。スペイン内乱（1936–39）の間、アナーキスト達はこの住居を差し押さえ、兵舎として使用していた。1945年、代理人がこの建物の権利を取得し、保存のため、戦争や経年が原因による欠陥を初めて修復した。1971年、木細工や鉄細工、家具工芸品の多くと共に、屋上庭園が改修されている。

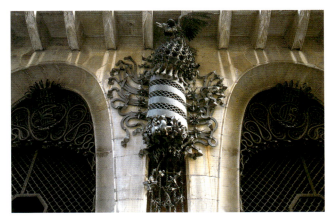

ガウディは一般的なプロポーションには余り気を配ることなく、視覚的錯覚や、訪問者に対して、空間を実際よりも大きく見せるようなトリックを作り出すことに常々腐心していた。その一例として、建物の中央に設けられた高さ17メートルの吹き抜けの中央ホールが挙げられる。この空間は地上階から最上階まで直接せり上がっている。

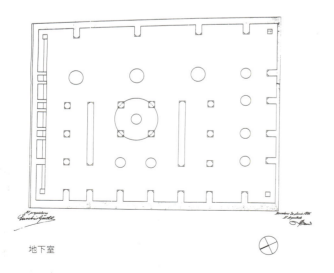

地下室

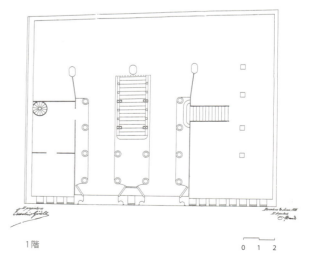

1階

72 Palau Güell

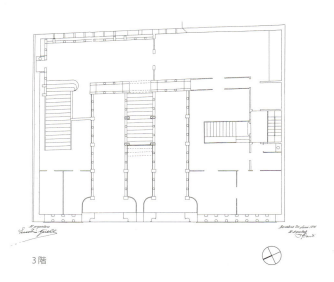

3階

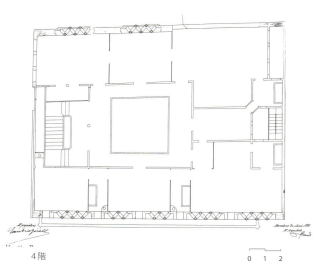

4階   0 1 2

74　Palau Güell

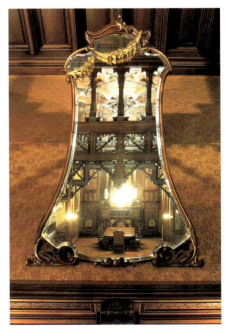

屋上テラスはグエル邸の特徴的な要素であるが、その後ペドレラ邸において、より重要な役割を担うようになる。自身の創造力を駆使して、ガウディは複雑な形態の創造力豊かな屋上を描いた。屋上に突きだしたボリュームは、建物の煙突や換気塔などとして実用的機能をもちながら装飾的、彫刻的意味を持つ。これらの要素をデザインするにあたって、ガウディはサービス及び台所として使用される空間につながるものにはレンガを用いた。一方グエル一族や来客人が使用する場所とつながるものには、多彩なタイルのモザイクを使用している。

# Palacio Episcopal de Astorga

アストルガ司教館

1889–1893

近代建築において、ゴシック様式は出発点だったに違いないが、
けっして終着点ではない。

> ガウディはこの大きな建物の
> 内部の典礼に基づいた修復を、
> ビエルソ産の花崗岩で仕上げた。

アストルガの司教館を完全に破壊した壊滅的な火事の後、ホアン・バティスタ・グラウ・イ・バリェスピノス司教はガウディに、城壁の上、大聖堂のすぐ右隣に、新しい司教館の建設を依頼した。司教と建築家の関係は数年前、司教がタラゴナの大司教管区の教区主管者だったときに始まっていた。司教はレウスのキリストと聖マリア大学の礼拝堂の建設に携わり、その時ガウディが雪花石膏製の祭壇をデザインしていた。そこにはガウディの姪のローザ・エジェアが病気のため入院していた。

アストルガ司教館の計画に際し、2人は典礼にのっとった修繕の方法について長い話し合いをもった。ガウディは後に、サグラダ・ファミリア聖堂とパルマの大聖堂修復を設計する際に、このときの経験を活かしている。

計画が始まった当時、ガウディはグエル邸の施工監理とサグラダ・ファミリア聖堂の設計に没頭していた。時間のないガウディは、周囲の建物との調和をはかるため、司教に周辺の写真、図面、配置についての情報を送るよう要請した。ガウディが最初に提示した案は司教を大変喜ばせたが、当時全てのカソリック建築を管理していたマドリードのサン・フェルナンドアカデミーの建築委員会の同意を得ることができなかった。数多くの変更のあと白熱した議論があったが、委員会はガウディの計画を容認した。司教の死後、ガウディはアストルガ司教館の工事を途中で放棄してしまった。

ヴィオレ・ル・デュックの理論に基づいて、ガウディは中世の要塞を思わせる建築を計画し、そこに数多くのゴシック的ディテールをちりばめた。建物の周囲にはドライエリアが掘られており、風通しが良く地下まで明かりが差し込むようになっていた。1階には調理場、事務室、会議室、裁判室があり、2階には図書室、司教室、礼拝堂、客間があった。その他の寝室は更に上層階に設けられていた。

ガウディは屋根まで吹き抜けの大きなホワイエをイメージした玄関を設計した。空からの光は全てのフロアを照らすはずだった。しかしながらガウディの後を引き継いだ建築家のリカルド・ガルシャ・ゲレタはこれを無視し、建物全体から日光を遮蔽した完全に閉ざされた屋根を造ってしまった。

ガウディは、ファサードにビエルソ産の花崗岩を使った。その明るい色彩は、僧服と調和する象徴的な意味をもっていた。ファサード上の尖塔アーチの詳細は、隣町のジメネス・デ・ジャムズで製作された、釉薬で彩られた小さなタイルで装飾されている。

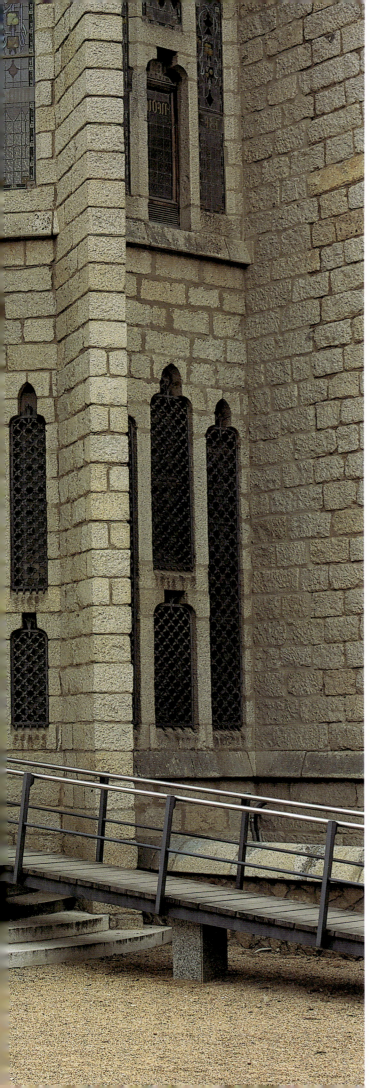

ガウディは計画に着手する前に、その土地の記念建造物を丹念に調べた。なぜならこの司教館は古代ローマの城壁とゴシック・ルネッサンス時代の大聖堂に挟まれていたからだ。建築家の主目的の一つは、周辺環境を尊重することだった。

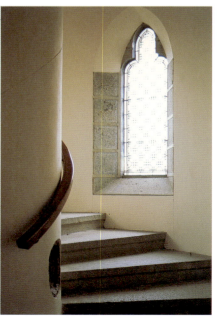

サグラダ・ファミリア聖堂の地下聖堂と同じように、彼は周囲にドライエリアを掘ることで、内部の換気を確保した。この構造は作品に力強い雰囲気を与えている。主扉のポルティコは、三つの大きいラッパ状のアーチになっていて、これは最初のドローイングには表現されておらず、工事が始まってから付加されたものである。土台を支える天使の担ぎ手は、ミナスのアストウリアス王立会社の亜鉛製である。

尖塔アーチを支える円柱はシンプルなもの。柱頭は繊細な花のモチーフで装飾され、基部は六角形と小さな円、フラットな多面体を組み合わせたシンプルな幾何学形としている。

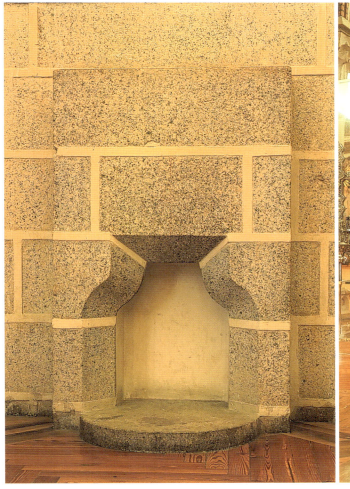

司教館の1階にある尖塔アーチは、小さく、暗い赤色の釉薬をかけられたモザイクタイルで覆われている。建築家は鋳型をデザインし、制作をヒメーネス・デ・ハムースに任せた。花の彫刻はガウディのデザインではない。

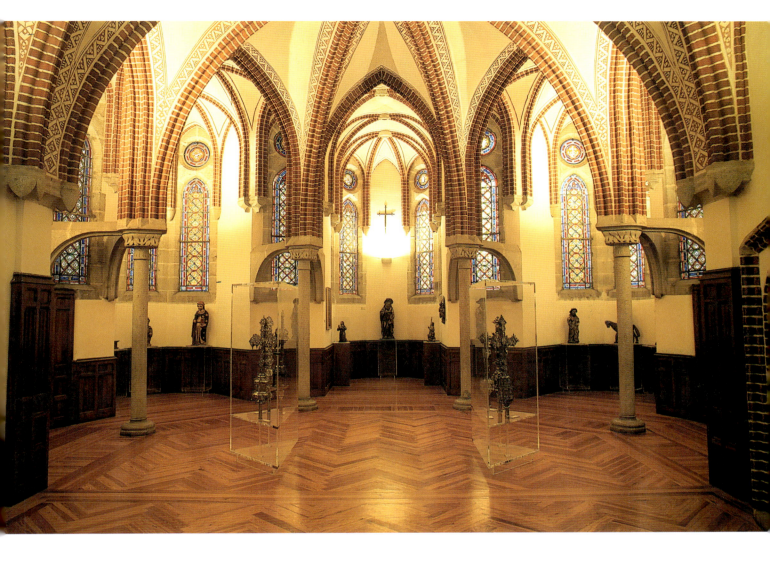

マジョルカ島、パルマの大聖堂と
サグラダ・ファミリア聖堂におけるガウディの仕事は、
友人であるアストルガ司教との
長い対話が基礎になっている。

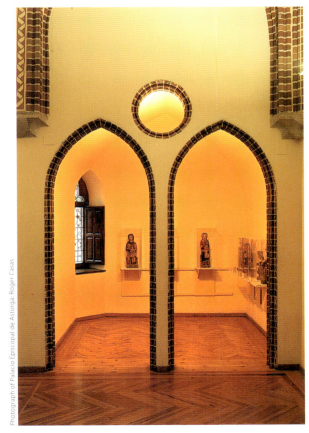

# Colegio de las Teresianas

サンタ・テレジア学院

1888–1889

私たちは元の平面計画を変えることはしなかった。
建築の新しい形態を反映させようと時間を費やせば費やすほど、
それを活用する必要性がより確かなものとなっていった。

90 Colegio de las Teresianas

> キリストのサンタ・テレジアの
> 七段階の上昇の象徴性に触発され、
> 隣接する建物の間から、力強く張り出すような
> 厳格な輪郭を持った建築をデザインした。

　バルセロナ近郊サント・ヘルヴァシにあるテレジア学院のデザインには、いくつかの条件が強く影響している。ひとつには、このカルメル修道女会のコミュニティは貧困者の規則に従うということ。建物はこの修道会の創設者、サンタ・テレジアに捧げられており、中世の公理と調和した人生哲学に基礎を置いている。

　3棟の建物からなる複合施設である建物は、初期の建設当時から他の建築家が設計を担当していた。ガウディが1889年に引き継いだ時には既に1階と2階部分は決定されていた。

　ガウディは、過去の他の仕事と比べて限られた計画資金（予算）のなかでまとめあげた。また前の建築家が適所に定めた指針により、元のいくつかのデザインを変更する事はできなかった。彼の計画では、この教会の修道会が求めていた厳格さ、禁欲主義、そして落ち着きが尊重されている。ガウディの過去の作品には形態的な節制というものは見られなかったが、ここでは、根本的に建物がこの象徴的な精神で満たされ、少なくとも形態においては優先されている。

　この宗教的要塞の外壁ファサードが、少女達の教育と信仰者の組織であることを運命づけるように、ガウディはセラミックの装飾的な要素を含んだ石とレンガの荘厳なボリュームを設計した。清廉で厳格なファサードは、持ち出しのギャラリーと同様、上階を覆う大きさの違う鋭いアーチがアクセントとなる。建物は細長い長方形で、長辺の軸が内部空間を体系づけている。平面は平行な帯状に三つに分割されている。

　1階には、中央のゾーンに沿って長く伸びた回廊があり、2階ではその上部が、内部に自然光を導くためのパティオで占められている。ガウディは、元の計画にあった地上階の横断する構造壁を、連続する放射線状アーチで置き換え、シンメトリカルに伸びた廊下を計画した。この建築的解決案では構造要素としての壁を取り払い、ダイナミックな空間構成を生み出した。光が強調されるよう白く塗装されたアーチは、内部のパティオに向かって開く窓によって分割されている。その結果、柔らかい間接光を浴びた穏やかな環境となった。

　スペイン内乱の間、建物は数々の襲撃、略奪、砲撃にさらされ、いくつかの要素や装飾的ディテールは破壊され、復旧されることはなかった。1969年、この建物は国指定の美術的、歴史的文化財に指定された。

この作品のコンセプトは、過去の多くの作品同様、膨大な有機的表現であり、ゴシック様式の影響が明白に現れている。このことは、建物入り口のドアに用いられた鉄細工に見てとれる。そしてそのモチーフは1階の幾つかの窓や室内のブラインドをはじめとする装飾に繰り返し使われている。

©Luis Gueilburt ©Luis Gueilburt

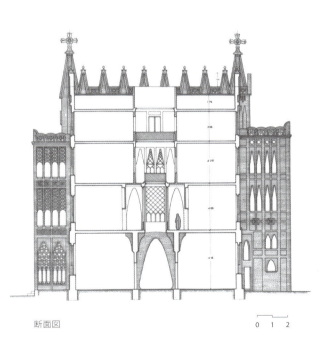

断面図　　　0　1　2

# Casa de los Botines

カサ・デ・ロス・ボティーネス

1892–1893

ガウディにとって、レオン中心部の壮麗な大聖堂の近くに、
ネオゴシック様式の作品を造ることは、ひとつの挑戦であった。
彼の計画は予想を遥かに超えたもので、かつ周辺環境を配慮し融和するものであった。

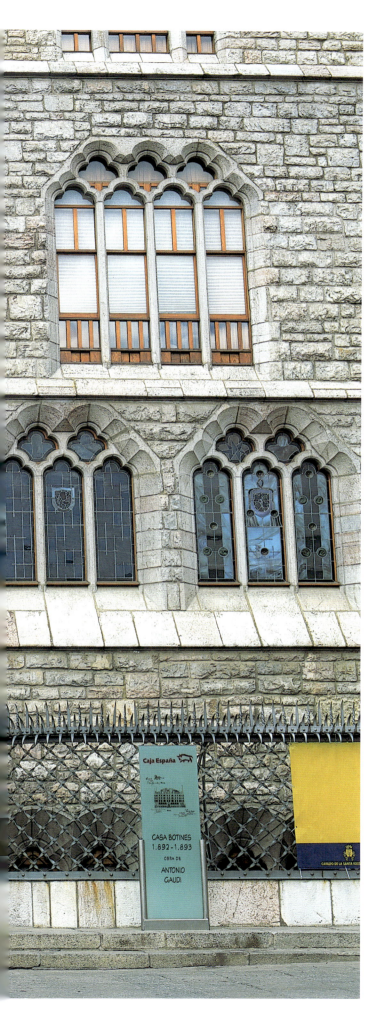

カサ・ボティーネスは、
ガウディが実際に完成まで携わった
唯一のプロジェクトである。

　ガウディがアストルガ司教館の建設を終える頃、彼の友人でありパトロンでもあるエウゼビ・グエルが、レオン市の中心部に家を建てるという話にガウディを推薦した。グエルから織物を買い付ける会社のオーナーであったシモン・フェルナンデスとマリアーノ・アンドレースはこうしてガウディに倉庫付き住宅の建設を依頼することとなった。家の名前は会社の前のオーナーだったホアン・オムス・イ・ボティーネスのラストネームから付けられている。

　ガウディはカサ・ボティーネスをレオン市の象徴的な建物として賞賛されるようなものにしたいと考えた。そして彼は地中海の雰囲気と数多くのネオゴシック的特徴を備えた建物を計画したのである。建物は4つのフロアと地下室、屋根裏部屋からなる。ガウディは傾斜屋根を選択し、計画のネオゴシック的イメージを強調するために建物のコーナーに塔を配置した。換気と地下室への採光のため、2面のファサードを取り囲むドライエリアを作ったが、これは後にサグラダ・ファミリア聖堂にも再度使われた手法である。

　ガウディはオーナーたちの住居を2階に置いた。ここには横と裏正面にある専用扉で住戸ごとにアクセスする。上層階には賃貸住宅、下階には会社のオフィスが置かれた。正面の扉は会社名を刻んだ成型鉄とサン・ホルへの偉大な彫刻を冠する。1950年の修復時に、職人たちはこの彫刻の下に、ガウディのサインがされたオリジナル図面入りの鉛管を発見した。

　ボティーネス邸の基礎は、建物の建設中、議論の争点となった。ガウディは市の大聖堂のような連続する布基礎を考えていたが、地元の技術者たちは、耐力を上げるために、相当な深さまで打ち込んだ杭の上に基礎をのせる二法をとるよう主張した。建設中に建物が崩壊するという噂にもなったが、結果的にガウディの計画に構造的な問題はなかった。1階ではガウディにとって初めて、空間を分割する耐力壁を使わずに、自由なスペースを確保できる鉄骨のラーメン構造を用いた。それまでのガウディの作品とは異なり、ボティーネス邸のファサードは構造的特徴が現れている。

　傾斜屋根には鉄骨の緊張梁に支持された6つのスカイライトがあり、屋根裏部屋の換気と採光に使われている。屋根構造全体は木造の軸組で構成されている。

　1929年には、レオン市の貯蓄銀行が建物を購入し、ガウディのオリジナル計画を損なうことなく、業務に合うように建物を改装した。

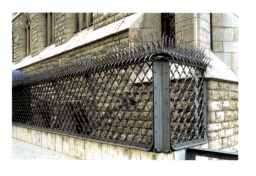

建物のコーナーにガウディは円筒形の塔を配置した。この塔は方角を指し示すよう北側に2本計画されている。ガウディは建物の中で方位を示したかったのだ。グエル邸、ベリュスガール、グエル公園、カサ・バトリョ内でもガウディは方位を意識している。

建物はネオゴシックの雰囲気をもち、
石造りで、コーナーには塔が設けられている。
堀に囲まれ、木造の屋根はスレートで葺かれている。

エントランスの手すりはバルセロナで製造され、オーナーの名前を刻んだ銘を冠し、新しい住人の名でも同じように掛け替えられた。ドライエリアの手すりはカサ・ビセンスのものと同じような技術と素材を使っている。

内部は何年にもわたって完全に改装されたが、いまだにガウディがデザインした幾つかの要素が残されている。例えば、扉の壮麗な寄せ木細工、窓、手すりや欄干にみられる精巧な細工の鋳鉄のエレメントなどである。幾つかの部屋では、石の柱頭が設けられた鉄骨柱のオリジナルの姿を見ることができる。

垂直なポスト柱に支えられ、持ち出しの螺旋形態をもった木造の軸組を含む、塔の魅力的な構造。一片一片が不ぞろいであるにもかかわらず、構造は安定したものであり、修復を必要としたことは一度もない。

# Bodegas Güell

ボデーガス・グエル

1895

ガウディが彼の後援者であったエウゼビ・グエルのために設計したものの、建設されなかった狩猟小屋の場所にこの建物は建っている。

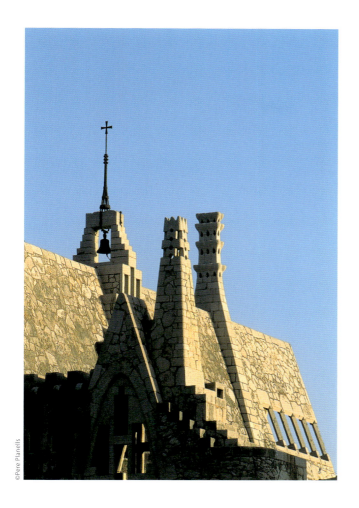

この作品はガウディらしい要素で特徴づけられているとは言えない。しかし、放物線状のアーチや、剥き出しになった構造体の扱いの見事さや、玄関の鉄細工にはガウディのスタイルをみてとれる。

ボデーガス・グエルは、
建築家が敬意を払ったその美しい環境に、
力強く建っている。

　何年もの間、ボデーガス・グエルはフランシスコ・ベレンゲル・イ・メストレスの設計だと信じられてきた。しかしこの建築家の残された資料の中にはこの建物の図面がなく、その他の資料の再調査の結果、エウゼビ・グエルが再びガウディに、彼の領地内に依頼したプロジェクトであるという事が判明した。

　土地はバルセロナの南、ガラーフの海岸に位置する。はじめに施主はここを、カサ・ビセンスと同じようなスタイルの狩猟小屋にすることを考えていた。しかし後に酒蔵を建てることにした。グエルは周辺の土地を葡萄農園にし、そこでワインを生産し、そのワインは後に例えば大西洋横断航路会社の船に提供されたりした。まずはじめにこの土地の非常に険しい崖を造成して平らにすることから工事がはじめられた。建物はエントランス棟とセラーの二つの建物から構成される。建物の正面には、精巧な細工が施された鉄製のクロスビームで吊られた、厚い平板で組まれた鎖で支えられる巨大な鉄製の門扉がある。こういった素材のコンビネーションは構造的に必要なものではなかったが、ガウディは簡素になることを避けるため、この手法で幾つかのファサードを装飾した。大きなアーチは来客を確認できるバルコニーを構成すると共に、使用人住宅の入口扉も内包している。

セラーは、軍隊の建物を思わせる厳粛で印象的な建物の中にあり、近くの石切場から運んできた石で造られている。屋根は2枚の傾斜屋根で構成され、そのうちの一つは地面に届いてファサードの一部となっている。専門家たちは、ガウディが東洋の竜からヒントを得たのだと述べている。煙突はガウディ作品に特徴的な典型で、彼の驚くべき想像力を示している。

　セラーは1階に位置する。2階は住居、屋根裏は礼拝室で、屋根に鐘楼があることの説明となる。

一般的な見地からすれば、ボデーガス・グエルはガウディが設計した、あるいは設計することになるその他の建物とは、かなり異なっている。この天才は繰り返し自身の作風をたどることはなかった。ガウディの設計は常に構造、構成、建設の分野での新しい試みであり、したがってここで使われた手法が、その他のプロジェクトの反復でないことは、特に意外なことではないのである。

この建物はファルコネールの洞窟の近くにある。この洞窟では、地下から湧いた広い川が海へと流れ込んでいる。地上にはまた、中世風の望楼があり、ブリッジで住宅へと繋がっている。

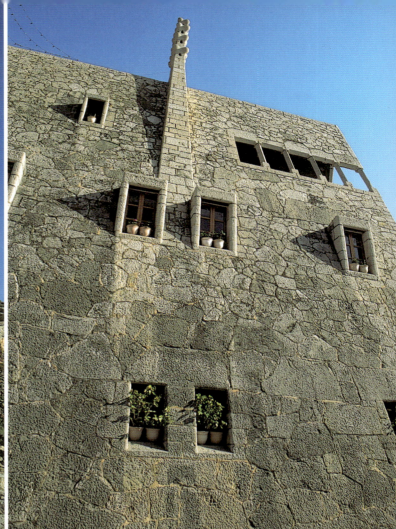

ファサードへと連続する大きな屋根は、作品の構造的要素の全てを繋げたいというガウディの指向の強い現れである。屋根は建物にとっての傘、あるいはパラソルのような役目を果たし、同時に構造的な役割も果たしている。

# Casa Calvet

カサ・カルヴェット

1898–1900

装飾天井の工事に取りかかる際、この工事に不満を持っていた左官職人達はストライキを謀った。
計画を引き延ばすこともできず、彼らの訓練のためにも、
この簡素で薄い格間天井の代わりに単純な平天井を採用することに決めた。

この賃貸住居建築のデザインのために、ガウディは、
ネオバロックと自分のデザインスタイルを組み合わせながら
自由に解釈することに挑戦した。

　1900年、バルセロナ市議会は、年間の最も優れた建物として、ガウディ設計のカルヴェット邸に最優秀建築賞を与えることを決めた。この賞は、ガウディが生涯作品として受賞した、唯一確認できるものである。

　繊維製造業を営むカルヴェットは1898年、この建物の設計者にガウディを任命した。これが、ガウディにとって初めての賃貸集合住宅の設計となった。それまでガウディは集合住宅を設計した経験がなく、また今までのものとは明らかに違う仕事のコンセプトは、彼にとって一つの挑戦であった。

　カサ・カルヴェットは、バルセロナ、アシャンプラ地区界隈の通りに、境界壁に挟まれるように建つ。この地域の区画割りと、この土地いっぱいに建設しようとする建設業者の企てによって、このアシャンプラ地区の建物は非常に標準化された形式をもたざるを得なかった。そのためガウディは、他の作品で発揮されるあふれるような想像力と才能を抑えなければならず、その結果カサ・カルヴェットは彼の作品のなかでも最も形式的な建物の一つとなっている。それにもかかわらずそこには、制限され、抑制された建築的可能性の中で、個人の私的建築物をいかにデザインすることが可能であるかという試みが明確に示されている。

　この建物の1階は、倉庫、事務所（現在この空間は当時からの装飾的要素を保存したレストランが占めている）、パブリックフロアとして計画され、残りの階は賃貸アパートとして計画された。ガウディはアパートの各住戸をそれぞれ異なる方法でデザインし、この建物に彼独時の手法を残した。

　正面のファサードは、ガウディがより個人的で野心的なデザインを展開した反対側のファサードと比べてより抑制された形態を見せている。彫刻が施された厳格な石のファサードの外見からは、奥の創造的なホワイエを伺い知ることはほとんどできない。並はずれた石工技術は建物に荒々しい様相と独特なレリーフを生み、それらは植物模様の鉄細工のバルコニーや多様な彫刻的要素で和らげられている。

　ガウディは住居部分の内部装飾に特別な重要性を与えた。彼は、それぞれの部屋にあった肘掛け付きのゆったりとした椅子や、事務所用のテーブルと椅子などを幾つかデザインしている。

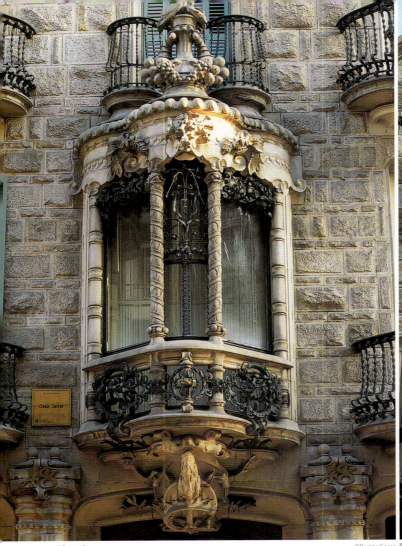
©Roger Casas

©Roger Casas

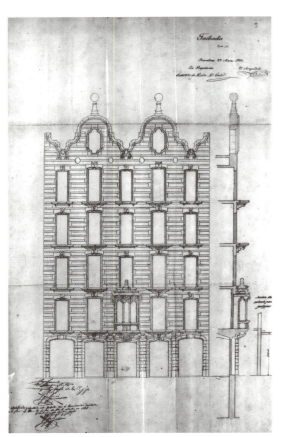
立面図と断面図　　　　　0 1 2

114　Casa Calvet

©Roger Casas

正面ファサードのちょうど中心に配置された玄関扉の上には、小さな、惜しみなく装飾が施された物見台のバルコニーがある。その下部にはカタルーニャの紋章と主のイニシャル、イトスギのモチーフが彫られている。これらは後にナグラダ・ファミリア聖堂で特別な重要性をもつ象徴的な引用の例でもある。

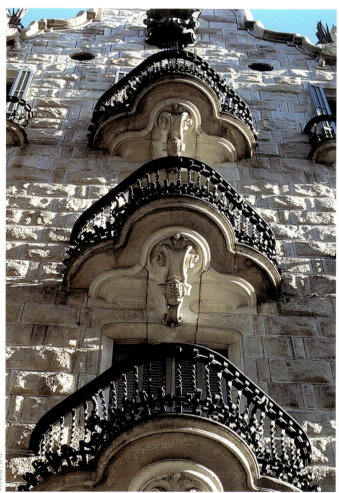

この住宅の建設にあたって、ガウディはファサードの石膏模型を製作した。彼は、より実践的に、図式的に、そして図面よりも詳細に作ったこの模型で市議会に計画を提示した。審査会はこの建物を満場一致ではないが過半数で年間最優秀賞に選定した。地上階は現在、初期の装飾的要素のいくつかを残したレストランとなっている。

バルコニーのディテール

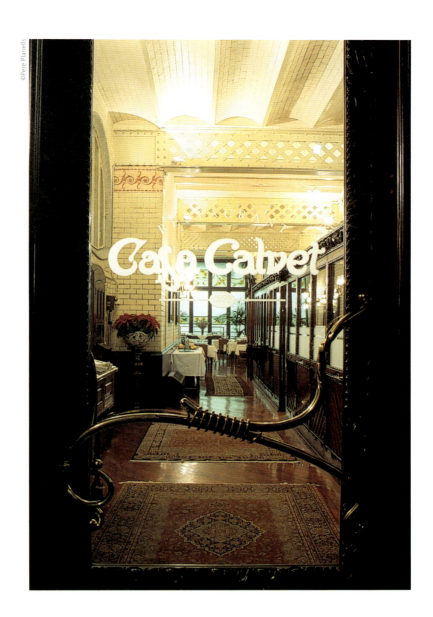

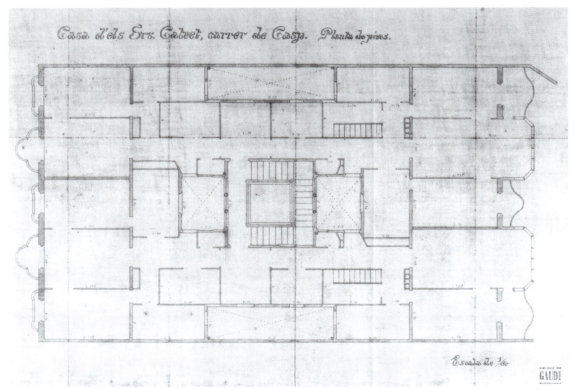
平面図

117

# Colonia Güell

コロニア・グエル教会

1908–1916

オリジナルでありたいと欲してはならない。
なぜなら様式自体は内部からくるものであり、
自然発生的に生じるものだからである。

神秘的な建築である。工事は完成しなかったが、ガウディは小球を詰めた小さな麻袋をささえるケーブルを使った模型を実験台にして、新しい構造計算の手法を考案した

コロニア・グエル教会は、計画が未完に終わったにもかかわらず、ガウディの作品のなかでも最も独創的で興味深い作品の一つとなっている。ガウディはこの設計に際し自由な意志で、計画の構想にほぼ10年間を費やした。1908年に着工されるものの、1914年のグエル伯爵の他界で計画が放棄され、教会は地下聖堂の建設までに終わっている。

当時グエルは、バルセロナから20kmほど離れたリョブレガット川下流地方の、サンタ・コロマ・デ・セルベリョにあるエウゼビ・グエルの繊維工場付近に小規模な労働者用の住宅団地を建設することを必要としていた。

団地は160ヘクタールの土地のうち、30ヘクタールを占める予定だった。労働者達の住居は工場を囲むように計画され、グエルは居住者のために教会を含むあらゆる施設を計画していた。

触発されたガウディは、複合施設用地を、一環して自然への賞賛をもって計画した。例えば、小さな丘に配置された教会は、周囲を取り囲む自然に融合するよう指向された。ガウディの計画は、有機的な形態と、熟慮された様々な色彩を使用することにより、地下聖堂のレンガの暗い色調を樹木の幹と融合させることにあった。教会の壁の緑の色調は木々と融和し、教会のドームは、空や雲（天空）にカモフラージュするために青と白に変容する。ガウディにとってこの色彩の選択は、自然を表現し、またより深い水準でキリスト教徒の人生を象徴化している。

ガウディの計画は、土地の著しい傾斜を利用し、柱廊式玄関やその階段から通ずるチャペルを地下に設けている。完成予想のスケッチ、そして模型まであるにも関わらず、ガウディはこの壮大な計画のほんの断片として考えられていた地下聖堂しか建てることができなかった。複合用途を持つこの地下聖堂は、レンガ、石、そして玄武岩のブロックでつくられた見事な骨格をもつ。平面形状は外壁の傾斜によって生まれた星形である。地下聖堂は、レンガのリブを細長いレンガで覆ったヴォールト天井で覆われており、外部からはカメの甲羅のように見える。内部は、まるでとぐろを巻いた巨大なヘビの骨格のように見える。玄武岩で作られた入口の4本の傾斜した柱が訪問者を導き入れる。岩をくり抜いたかのような空間には、三つの祭壇がある。二つはカタルーニャの守護聖人、モンセラットの聖女、一つはサグラダ・ファミリア聖堂に捧げられたもので、すべてジュジョルの設計によるものである。

地下聖堂の内部は、もし教会が建設されたなら、玄武岩の柱は主要な支持柱となっていたであろう。それらの厳格さは、多彩色のステンドグラスをはめた窓の繊細さと対比をなしている。

ガウディの宗教建築は、
その建設と礼拝を音楽から哲学にわたる
多様な学問と結び付けた。

聖堂全景のスケッチ

地下聖堂の壁を穿つ大きな、様々な円形のきらびやかな色の開口は、外光を導き入れ、光と影の華々しい共演を生み出している。

Photographs of the Crypt of the Colonia Guell: Pere Planells

# Bellesguard

ベリュスガール

1900–1909

ベリュスガールは、マルティ1世（人情王）が別荘を建設した場所と同じ土地に建てられた。この土地からは、海を眺めることができ、皇帝はガレー船の到着を眺めることができた。偉大な中世カタルーニャへのガウディ最大の贈り物である。

グエル公園の三つの十字架のところまで行くと、
主要な十字架の隣から、
ベリュスガールにそびえる
十字架を眺めることができた。

ジャウメ・フィゲーラスの未亡人であり、ガウディの熱烈なファンでもあったマリア・サゲスの別荘は、15世紀、最後のカタルーニャ皇帝、マルティ1世の夏の別荘があった敷地に建てられた。事実、この土地の名前である「ベリュスガール」は「美しい眺め」という意味であり、その時代につけられたものである。ガウディがマリア・サゲスの住宅設計の仕事を受諾したときには、中世からあった皇帝の邸宅の痕跡はほとんど残っていなかった。にもかかわらず、ガウディの計画は、中世カタルーニャに建てられたこの建築に敬意を表した模範的回答であると考えられる。ガウディは邸宅の遺跡を保存し、種々の歴史的、様式的概念において彼独自の解釈を提案している。彼の建築に対する非凡な才能は、ファサードを作りあげる印象的で荘厳なボリュームと住宅の内部空間どちらを見ても明らかである。

石で覆われたこの高貴な建物の外部は、かすかに中世建築を思い起こさせ、周辺と見事に調和している。ゴシック様式の植物模様アーチの様々な窓がファサードの壁を穿つ。これはガウディの最も特徴的な手法のひとつである、ダブルクロスの十字架を冠したすらりとした塔が建物の隅に配置され、特徴となっている。

ベリュスガールは、シンプルなほぼ正方形平面を持つ住宅である。主要な2本の対角線は基本方位（北南東西）へ向けられている。この住宅は半地下室、地上階、アパート階、そして屋根裏部屋で構成される。

円柱状の柱で支えられた低い輪郭をもったヴォールト天井は、半地下室にほぼ修道院的な粗々しさを与えながら構造を明確にしている。上階におけるレンガ積みのヴォールト天井はレンガの色が露出し、より装飾的な要素に変換されている。この空間には、一部の大きな開口部によって豊富な光が到達する。ガウディは上階に多数の窓を付与し、壁を漆喰で仕上げることにより、透明で開放的な空間を作りあげた。外から把握するのは難しいが、これらの解決が室内に光と影の魅力的な戯れを生み出し、うまく光をひきだしている。屋根裏部屋の屋根は、張り出したレンガでできた、キノコ型の柱頭で形成された構造で支えられている。

すらりとした高い塔の上には、4本の腕が伸びた十字架、王冠、そして4本帯のカタルーニャ／アラゴンの旗が表されている。これらすべての要素は螺旋状の組石造で、モザイクタイルで飾られている。

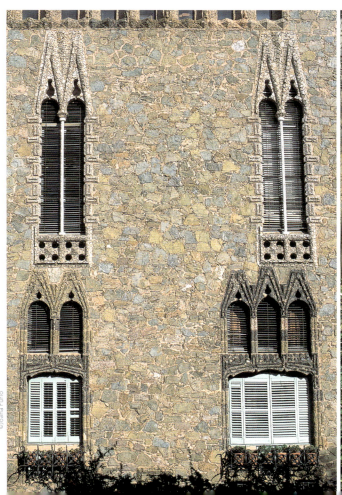

素材の対比は、ガウディの作品には常にみられるもので、ベリュスガールも例外ではない。ガウディはいくつかの窓を鉄格子―この場合、丸鋼―で覆った。この要素は装飾的な解答として用いられるが、住居を外部から保護する役割を担っている。

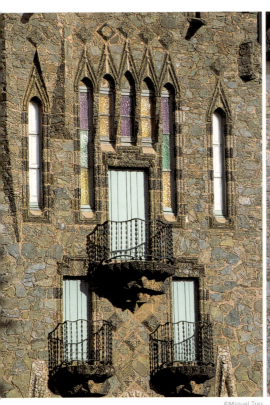  

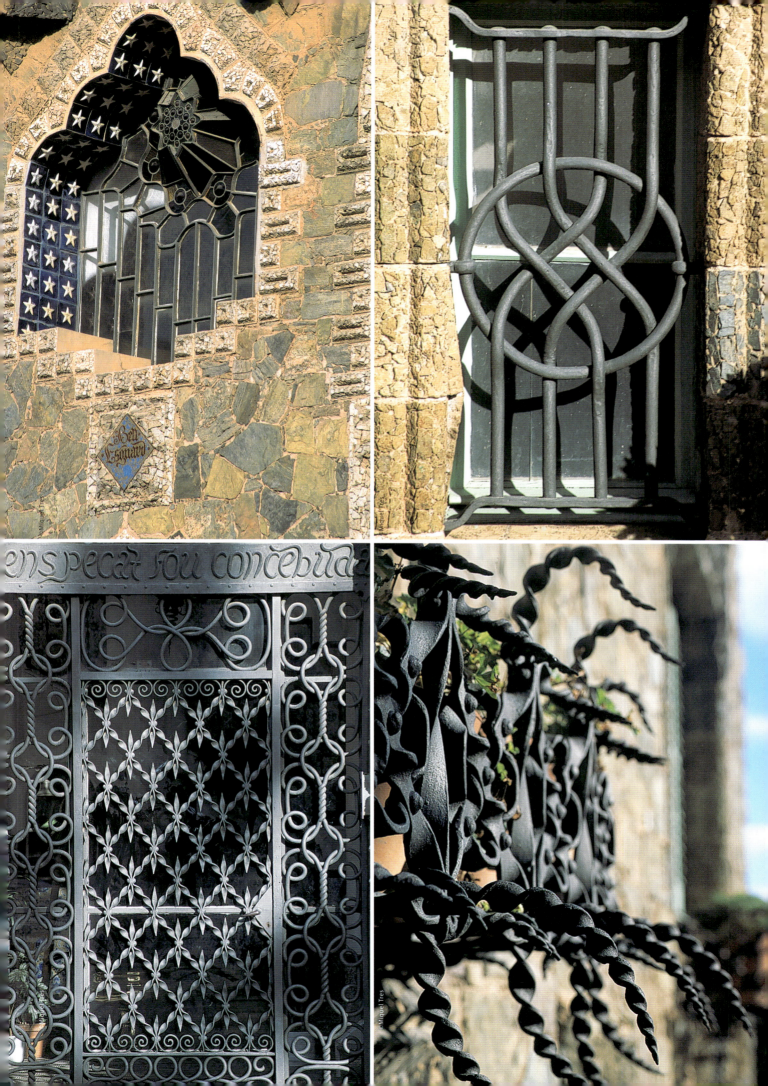

©Miquel Tres ©Miquel Tres

ベリュスガールにおいて、ガウディは、熟練した精密な方法で鉄細工とステンドグラス窓とを組み合わせた。特に興味をひくものの一つとして、ホワイエの照明がある。ガウディは、照明のフレームを作りあげるために三角形を、ガラスのフレームとして円形を利用した。彼と専門職人との親密なコラボレーションは、ガウディの建物の装飾的要素を作り上げるためには大変重要なのである。

この建物の様々な空間でみられるモザイクは、ただの装飾的要素としてではなく、象徴的な引用として解釈されるべきである。モザイクは、カタルーニャが偉大な政治的、経済的輝きを謳歌していた歴史的時代を思い起こさせる。

# Park Güell

グエル公園

1900–1914

ガウディは才能と決断力をもって、公園を都市公園として計画した。
都市の中心における住宅の楽園が意味していたものはやがて、
全てのバルセロナ市民が楽しめる都市公園となった

グエル公園は、
ガウディの大地と自然に対する敬意、
建設技術の深い知識、
そして彼の無限の想像力の結果である。

　エウゼビ・グエルはイングリッシュ・ガーデンの称賛者であった。英国風の「庭園都市」の新しいモデルを夢みて、彼は、グラシア近郊にある「はげ山」として知られるいくつかの土地を開発することを決意する。グエルは友人で自身がパトロンでもあったアントニ・ガウディに計画を委託する。彼の目標は、裕福なカタルーニャのブルジョワ達を魅惑するような、既存の都市からは隔離された理想の居住空間を創造することだった。不運にも計画は未完に終わり、1922年、バルセロナ市議会がこの土地をグエルの相続人から買収し、公園に変えた。

　ガウディはこの複合施設を、周囲を取り囲む壁で守られ隔離された住宅地として計画した。うねるような波形線が特徴的な六つの入口扉のある壁は、乱貼りのモザイクタイルで仕上げられている。この装飾は、多くの場所で繰り返し用いられている。グエル公園は、カン・コル・イ・プホールとカン・ムンタネール・デ・ダルトの二つの所有地を占め、60区画に分譲され、それぞれ傾斜の多い地形に沿って、三角形状に分割された。しかし、トリアス一族が購入した2区画と、ガウディがモデルとして、サグラダ・ファミリア聖堂へ引っ越すまで入居していた1区画の合計3区画しか売れなかった。彼の元住居は現在ガウディ博物館となっている。

　主要な門は元々オロット通りに位置していた。この通りに面した壁に取り付けられている二つの大きな円形の浮き彫りは、おとぎ話の舞台装置のように独特で神秘的な場所へ訪問客を迎え入れる。円形の浮き彫りの一つは乱貼りモザイクで「公園」、もう一つは「グエル」の文字を表現している。このエントランスの前には、シンメトリカルで大きな二重階段があり、86本の様式的な列柱で形成される列柱空間へと導く。階段はその後、その上に配置された、波形の腰壁が連続したベンチで縁取られた雄大な広場、ギリシャ式野外劇場へと続く。ひとつづきの階段は、有機的な装飾要素をもつ小さな島によって切り離される。一つは洞窟の形状をもち、二つ目はカタルーニャの旗のある円形の浮き彫りから突き出す、は虫類の頭が特徴的で、三つ目は様々な色の竜の彫像が表現されている。こうして訪問者はこの建築家の独創性、創造性、そして才能を証明するこれらの要素に遭遇することになる。

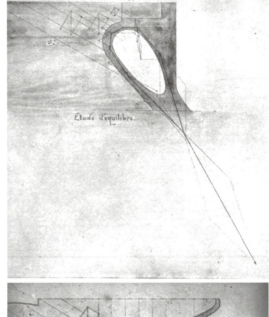
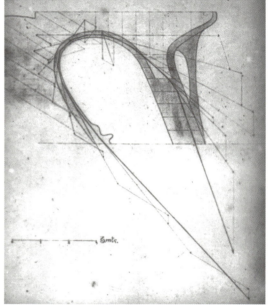

主玄関のドアの脇に配置されたパビリオンは、どことなくおとぎ話にでてくる建物のように見え、訪問者を神秘的な世界へと導きいれようとそそのかす。パビリオンには、敷地をとりまく塀と同じ石が使われ、カラフルなモザイクタイルの屋根で覆われている。一見、そのように見えないが、二つの棟は残りの構成と完全に連続している。

いくつかの通路を覆うアーチのスタディ

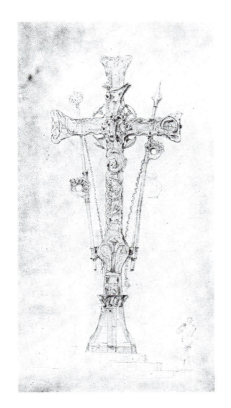

パビリオンの十字架のひとつ

入り口のパビリオンのスケッチ

1人の建築家が、都市、建築、自然の
これほどあざやかな組み合わせに
成功した例は極めてまれである。
ガウディは非常に慎重に、そして巧みに、
象徴で満たされた魅力的な空間を作り上げた。

自然から見いだされたものと類似した形態を作りだすために、公園内の様々な空間で石が使用されている。石のもつ堅固さと厳格さは、列柱空間の上部にある町を見渡す遊歩道に配置された長くうねるベンチに用いられている、乱貼りモザイクタイルの豊かさと多様な色彩と対比をなす。モザイクの円形浮き彫りは、列柱空間の天井、二つのパビリオンの屋根、階段、そして入り口の噴水を鮮やかに飾っている。

# Finca Miralles

ミラージェス門

1901–1902

波打つ壁は、屋敷を護る蛇のようであり、
まるで生命を得たかのように見える。

門扉の上のキャノピーは、
この作品によって誇示された、
無限の想像力を秘めている

　ガウディが最初の大規模な住宅プロジェクトである、カサ・カルヴェットの設計に没頭しているとき、彼はもうひとつ別の、もう少し小さな住宅の依頼を受けた。友人のエルメネヒルド・ミラージェス・アンジェスは、ガウディに、エウゼビ・グエルの所有する私道に面した、彼の屋敷の扉と塀のデザインを依頼した。今日では、その私道は、近隣のレス・コーツとサリア間の、交通量の多い通りになっている。

　深い友情で結ばれていた建築家と施主は、様々な活動において協力しあった。出版者、製本屋、編集者という立場とは別に、エルメネヒルド・ミラージェスは、おもちゃから、ガウディが幾つかのプロジェクトで使用した装飾用タイルまで、あらゆる種類の物を製造していた。ガウディはまた、ミラージェスのパワフルな水圧プレス機を、プロジェクトで使う柱を試す抵抗力実験のために使用した。

　ガウディが屋敷を取り囲むためにデザインした塀は、波打っていた。このことは構造的に、基部をより厚く、上部の断面をより薄くする必要があることを意味する。ガウディは素材として、レンガと乱割のアラビアタイルを、モルタルを下地として使用した。彼は塀の上に、風が吹き抜けていくような連続する笠木を載せた。

　馬車庫の入り口のために制作した扉は、不規則なアーチ型である。塀には多様なカーブを描きながら穴があけられている。その内側に取り付けられた、変化に富んだ厚みをもつ螺旋状のスチールのフレームは、支えるための外枠を持たない、まるで魔法で自立しているかのように思えるドアとなっている。キャノピーは扉の波形を更に補完している。

　キャノピーは、壁にアンカーされた下地材で構成され、木毛セメント板と鉄骨ブレース構造で支えられている。この部分は、1965年に自治体の条例を超えているために撤去され、1977年に小さくしたものが再び設置された。

　正面玄関の右には、歩行者用の小さな鉄扉がある。鉄細工で作られたこの力作は、その最も薄い部分で折れ曲がっており、その技術は注目に値する。二つの扉の間に大きな円形の装飾があり、ここにガウディは、カタルーニャの紋章と所有者の名前の銘を設置することを計画した。しかし、この計画は実現しなかった。

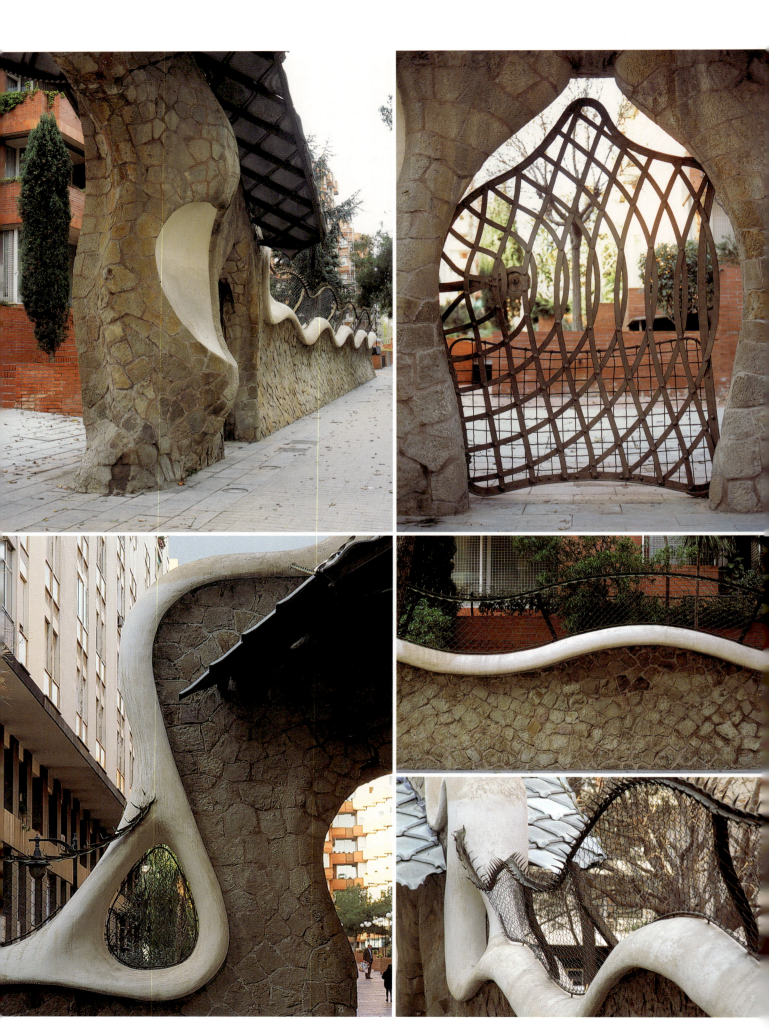

Photographs of Finca Miralles: Roger Casas

この作品はグエル邸の竜の扉近くに位置する。両方の作品ともにひときわ優れた鉄細工が見物だが、ミラージェス邸のもののほうが幾分禁欲的であり、異なる形状に加工された鉄の平板によって構成されている。扉のすぐ脇には、オーナーのイニシャルとカタルーニャの紋章が描かれるはずだった大きなメダイヨンがある。

# Restoration of the Cathedral in Palma de Mallorca

マジョルカ島パルマ大聖堂の修復

1903–1914

ガウディは宗教を受身なものと捉えなかった。
ガウディの果てしない創造力はむしろ積極的に、
宗教空間の再解釈をうながした。

ガウディによって修復された大聖堂には、
中央ヨーロッパ建築とムデハール芸術の要素を含んだ
折衷スタイルの影響が見られる。

ペレ・カンピンス・イ・バルセロ司教は、サグラダ・ファミリア聖堂建設中の1889年にガウディに会った。カンピンスはガウディの芸術的かつ建築家的才能に魅せられており、さらにガウディが、アストルガ司教との対話を通じて培ってきた、そのカソリックの礼拝式に対する知識に深い感銘を受けた。何年か後に、大聖堂参事会は、カタルーニャ地方のゴシック建築でもっとも美しいものの一つとされる、パルマの大聖堂を修復したいというカンピンスの提案を受け入れた。躊躇することなく、司教はプロジェクトをガウディに一任した。

建築家の覇気に溢れる設計は、外観上は建物のゴシック的性格を強調することに照準を定めた。一方で内部では、身廊の聖歌隊席を内陣へ、背後の小さな合唱隊席を付属礼拝堂へと変更した。ガウディはまた、もうひとつの古いゴシックの祭壇を表へ出すために、バロック時代の祭壇を動かす許可をもらった。司教席を残し、三位一体の礼拝堂全体が見えるようにしたのである。加えてガウディは空間を装飾し拡張するための、手すりや照明や礼拝用の調度品を含む、新しい部分を設計した。彼はまた、円柱のわずかなゆがみに気づき、照明を支えるための幾つかの鋳鉄のリングで、構造を補強した。

空間を構成する要素の移動は、祭壇を中心的存在に変え、この祭壇のためにガウディは、象徴的な意味合いをもつ八角形の天蓋をデザインした。七つの角は精霊の七つの徳を、五十の小さなランプは精霊降臨節を暗示する。ガウディはまたキリスト、聖母マリア、使徒ヨハネの像を神の贖罪予言の暗示として石の十字架の中に据えた。ガウディは別の像の一群も世に広めようと考えていたが、建設が始まる前にその考えを放棄した。

ガウディは、九つのステンドグラス窓、薔薇窓、七つの大きな窓をデザインし、連祷の元后に捧げた。しかしながら大聖堂には、それらのうちの幾つかのものだけが設置された。彼がデザインした最後のひとつは、聖具室に完全な形で保存されている。

ガウディの計画は建物の修復だけではなく、それに加えて大聖堂の中で行われる、礼拝に関する幾つかの側面の改革も含んでいた。ガウディの介在は、最も保守的な人たちにとって、宗規から大きく外れたものであり、信徒会は聖職者に対して不満を述べた。同じような状況がアストルガの大聖堂でも起こっていた。ガウディは完成前に仕事を離れ、彼の創造的力作に対して何一つ制約のないサグラダ・ファミリア聖堂へと傾倒していった。

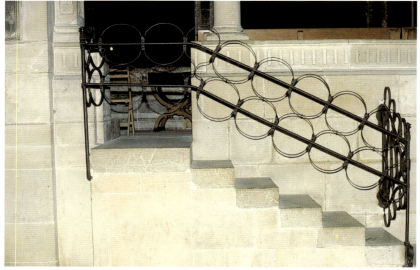

ガウディによるインテリアの再構築は特定の場所に限られたが、鉄細工のデザインは大聖堂の内外いたる所に見られる。丸鋼の手すり子に支えられ、連結した輪で形づくられた門扉と手すりには特別な関心が注がれている。

マジョルカ島パルマ大聖堂へのガウディの介入は、
教会の修復に対する考え方に従うものだった。
それはその時代の思想的発展に、
典礼を強制的に適応させるものであり、
少々時代遅れであった。

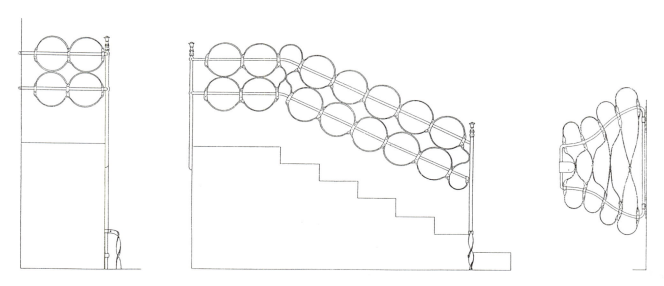

コーパスクリスティの展示室への門扉と手すり

156　Restoration of the Cathedral in Palma de Mallorca

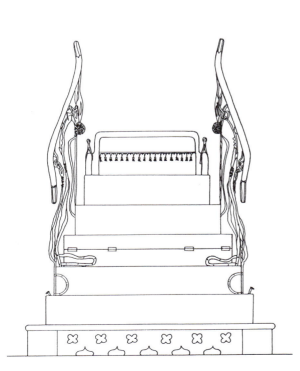

ピエタ礼拝堂の聖なる秘跡展示への階段

ガウディの確かなデザインは、古びた金色に塗られた繊細なベンチや、懺悔室の装飾品展示といった、大聖堂のごく小さな細部にもはっきりと見てとれる。

158　Restoration of the Cathedral in Palma de Mallorca

身廊の柱を支える輪は床から5メートルの高さに設置され、蝋を受ける小さな皿付きの蝋燭立てとなっている。

聖職席の手すり

柱の冠装飾部

# Casa Batllo

カサ・バトリョ

1904–1906

石の多色彩飾、タイルのかけら、
ステンドグラス窓は、郊外の風景、朝霧の中に浮かぶ、
山肌に堀り抜かれた切り立った崖のメタファーである。

カサ・バトリョのファサードに
最初の朝の光が輝くとき、
そこには虹色の輝きや、
さまざまな光の戯れが現れる。

　カサ・バトリョは、モダニズムの建築家である、プッチ・イ・カダルファルク設計のアマットリエール邸と、エミリ・サラ設計による、エンサンチェ地域の伝統的建造物との間に位置する。この建物は1877年に建設されたもので、所有者の繊維会社社長、ホセフ・バトリョ・イ・カサノヴァスは、ガウディに正面の改装と中庭の改修を依頼した。経営者の友人であったペレ・ミラ氏は、自邸の印象を最新のものにしたいというバトリョ氏の意向を聞くと、即座に彼をガウディに引き合わせた。ミラ氏はガウディの熱烈な支持者だった。すでに存在する建物の改修という仕事であったにもかかわらず、ガウディはこの計画に自分自身の個性的な感性を付与し、カサ・バトリョは彼にとってその幅広い経験のなかでも、最も象徴的な計画の一つとなった。

　建物の外部にはガウディの構成的な感性が示されている。2階はマレの石材とガラスで覆われ、一方ではセラミックの平円盤が上層階の壁に施されている。改装の期間中、ガウディは通りに立ち、一片ごとに最善の位置を決めたので、それらは卓越したものになり、力強く輝いた。職人はそれらをガウディの指示に従って徐々に積んでいった。この仕事のやり方つまり、建設工事の段階においても、当初のアイデアを改良し完璧なものにするための努力を継続するというものであるが、それはガウディのすべての仕事において繰り返し行われ、ほとんど完成のラベルを貼られることのないその計画に対する彼自身の献身を映し出している。この方法はいくつかの役所レベルでの問題を引き起こした。役所は工事の完了を確認することを必要としていたが、工事はいつ終わることなく続けられたからである。衝突を避けるために、ガウディは計画の設計図を、建設中の変更が可能なように描いた。

　ファサードの詩趣はアティクの屋根で最高潮に達する。屋根は鱗形をし薄緑色がかった青のセラミックの小片で、先端部では球状と円筒状の小片をベースにしたもので覆われて、竜の背中を想起させる。塔はその頭部に小さな凸状の十字架を冠している。しかしながら、カサ・バトリョの驚くべきかつ革新的な幾何学的造形と色にもかかわらず、ガウディはその立地を心に留め、その高さを近隣の建物と合わせた。屋根の上の煙突と給水塔はモルタル下地のガラスモザイクと様々な色のタイルで覆われている。

　エントランスのホールには、オーク材の階段がメインフロアへと続いている。メインフロアから階段は、上層階へ向けて横方向へ移動する。上層階には、ガウディの手はほとんど加えられなかった賃貸住宅がある。

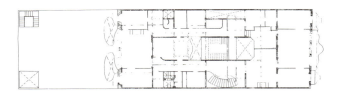

3階平面図

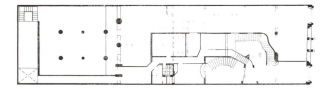

1階平面図

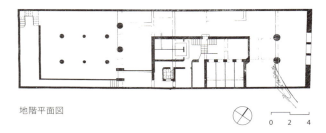

地階平面図

作家の無限の想像力は、小礼拝堂と部屋を仕切る衝立の細部にはっきりとみてとれる。ガウディによって描かれた象嵌の仕事はカサ＆バルデの工房で制作された。この極めて貴重な断片を含んだ小礼拝堂はいまだにバトリョー家の所有である。

©Pere Planells

©Miquel Tres

©Pere Planells

建物を通して、出隅、入り隅、直角のないことからも、この作家が連続した空間の創造を求めていたことが伝わってくる。有機的形態を喚起する曲線美の連続のため、間仕切が存在する。

ホールの暖炉は、ガウディにとって空間に性能と
快適さを付与するために用いられた、現実的な設備のひとつである。

周りを階段が取り囲む中庭は、タイルのかけらで覆われている。最上部はウルトラマリンブルーで、だんだんと淡い色になり、床では白になる。この色彩のトーンダウンはむらのない光の反射を引き起こし、パティオ空間の全ての高さで、くまなく同じ色調となる。管理人室には、珍しいパールのかかった灰色が見られる。

カサ・バトリョのファサードは、おどろくべき構成が実現されている。低い部分ではまるで粘土の彫刻であるかのような石細工を施した。正面では植物をモチーフとした装飾のついた細い柱と、内部空間にさまざまな光の調べを創り出す、色つきのステンドグラス窓で構成されている。

# Casa Mila

カサ・ミラ

1906–1910

将来、この家がホテルになったとしても私は驚かない。
部屋割りは簡単に変えられるし、バスルームはたくさんある。

植林によって、地球は人間の同志となり、
友となり、そして師となる。

　カサ・ミラは、パセオ・デ・グラシア通りとプロペンサ通りの交差点の一角に、大きな岩のように聳え建つ。建設以来、バルセロナの人々はカサ・ミラのことを「ラ・ペドレラ」(石切場)と呼んできた。ペドロ・ミラとその妻のロサリオ・セヒモーンが、ガウディに自邸の設計を依頼し、それがガウディにとって、俗世間での最後の仕事となった。このあと彼はサグラダ・ファミリア聖堂内の設計室に引きこもったからである。

　このプロジェクトで、彼は日頃不満に思ってきた、バルセロナに欠けているモニュメントを造ろうとした。彼の日毎に大きくなっていく聖母マリアへの信仰心により、聖母マリアをイメージしたブロンズ像を冠した巨大な建物がはじめにイメージされた。最終的にこのイメージは採用されなかったが、それでもなお、カサ・ミラには宗教的な意味合いが込められている。

　この建築はスケールの大きなものであったが、ガウディは素材を節約する方法を考案して計画は遂行された。始めにガウディは、ラーメン構造の柱梁にかわる対力壁を設けた。壁厚を薄くするためその構成は入念に検討された。また実際にはガラフ産のライムストーンを下部の飾り板に、上部にはヴィラフランカ産のライムストーンを使用し、軽いファサードを重く力強くみせている。鉄は構造体の鉄筋としての主な使い方以外にも多くの使われ方をしている。

　しばしば海のうねりにたとえられるファサードの曲がりくねった形態は内部でも補完されている。この建物の内部では、直角は存在せず、取り外しのできない仕切壁もなく、すべての細部はミリメートルの単位で描かれた。ガウディの注意深い設計の一例として天井が挙げられるが、ここでは漆喰でさまざまな形―波の泡、花弁、蛸の触手―が造られている。彼の綿密な仕事ぶりはまた、バルコニーの精巧な鉄細工、木工細工、水廻りのモザイクタイルにおいても明らかである。

　カサ・バトリョと同じように、ガウディはその想像力を屋根の上に大胆に迸らせた。屋根の上では階段室が小さなタイルのかけらに覆われ、大きなボリュームとなっている。煙突の螺旋形は煙の渦を強調している。

　施主との意見の不一致で、ガウディは計画を最後まで遂行することはできなかったものの、カサ・ミラはガウディの建築のもっとも完璧な例のひとつに挙げられる。この住宅は彼の知性溢れる解法、際立った感性による構成、溢れんばかりの想像力を示すものである。

©Pere Planells

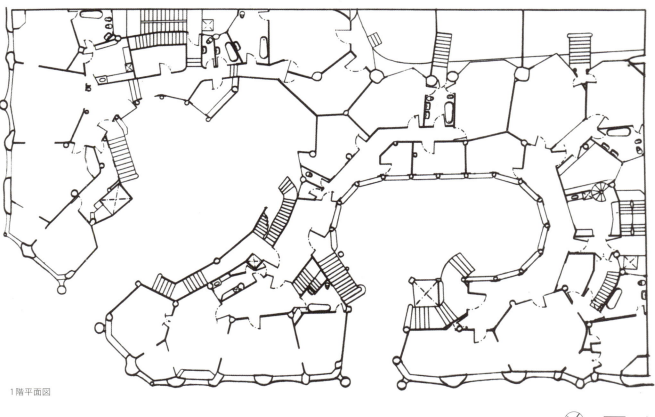
1階平面図

174　Casa Mila

ファサードとともに、全ての内部空間要素も彫刻的性格を持っている。その良い例として、直角を持たない吊天井がある。漆喰で仕上げられた形は、波の泡を思い起こさせ、花のモチーフのレプリカでもある。また、多くのものが宗教的意味を含んでいる。

屋上テラスの煙突は、カサ・ミラのファサードの上に聳え建ち、歩行者はそれらをグラシア通りから賞賛することができる。幾つかの煙突は小さな色タイルの小片で覆われており、あとのものはシャンパンボトルを砕いたガラスのかけらで覆われている。

# Artigas Gardens

アルティガス庭園

1905

グエル公園と同じ手法を用いながら、
ガウディはここで他の計画にはない要素を加えた。水である。
彼は、ファンタスティックで湿潤な庭を造るのに水を使った。

最初のスケッチでは、
庭園の遊歩道は
リョブレガット川に沿っていた。

　ガウディ記念講座が中心となって行った広い研究の結果、ガウディがレェイダ地方にある古いアルティガス工場周辺の庭園を設計したことが明らかになった。ガウディは、成功した実業家であるホアン・アルティガス・イ・アラートを、ラ・ポブラ・デ・リレィエットにある彼の自宅に訪ねたとき、設計の依頼を受けた。
　土地はリョブレガット川の水源近くの土手に位置する。このことはガウディにとって、そのキャリアの中で唯一の湿潤な庭をデザインする良い機会となった。敷地は細長く、川に沿っていた。橋は敷地への自然なアプローチを構成し、訪問者を洞窟やラ・マニェーシア（マグネシア）と呼ばれる自然に湧き出る壮麗な泉へと誘っている。この名前のために計画は広く知られたものになった。
　曲がりくねった遊歩道を進むと2番目の橋へと続くのだが、そこにガウディは、乾式工法で石を張り、尖塔アーチの壁に取り囲まれた小さな円筒状の東屋を挿入している。さらに先へ進むと、訪問者はガウディが設計した最後の橋に着く。この橋の石は鍾乳石に似せてデザインされている。そのうち最も大きいものは東屋の形に変形し、悪天候の際には訪問者の避難場所となる。
　川に沿った敷地内の小道を美しく際だたせるために、ガウディは動物を含めた幾つもの花壇と灌木を植栽し、公園の四方に、石でできた動物の姿などの様々な彫刻を置いた。
　グエル公園は乾いた土地の上に設計されたにもかかわらず、アルティガス庭園と幾つかの類似点をもつ。彫刻の象徴性、木や石の使い方、ユッカや椰子、薔薇の茂みなどの植栽である。

彫刻の象徴性は、この天才建築家の全ての作品の中で繰り返し用いられているにもかかわらず、この作品の中ではいかなる物語ももっていない。彫刻はただ動物や人物の形をしているだけで、神話的、宗教的意味をもたない。

# Unbuilt projects
計画案

コミージャス侯爵から、アルジェリアのモロッコに建設するフランシスコ伝道会の施設の設計を依頼されたガウディは、1892年に敷地の視察を終えるとプロジェクトの絵を描き始め、翌年それを描き終えた。

　1936年にサグラダ・ファミリア聖堂の地下聖堂が焼けたとき、ガウディが手元に保管していた図面書類の多くが失われた。しかしガウディは図面だけに頼る建築家ではなかった。彼は模型を使って仕事をし、建設中にも変更を行い、計画は常に発展していた。情報が不足しているために、その創作については多くの推論がなされている。約一世紀が過ぎて、今なお私たちはこの輝かしい建築家の新しい業績を発見する。
　本書ではガウディがデザインしたものの未完成となったプロジェクトも紹介するが、ここでは最も重要なプロジェクトのいくつかを取り上げる。

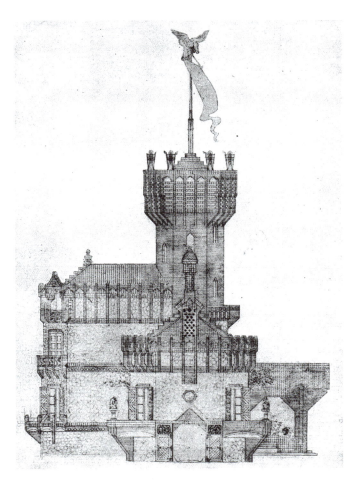

ガウディは1882年にエウゼビ・グエルのために、グエルがバルセロナの南、ガラフの海岸に所有していた広大な地所の中に、狩猟小屋を設計した。狩猟小屋は建設されなかったが、代わりにガウディはこの土地に、フランシスコ・ベレンゲールと協力して、ボデーガス・グエルを建てた。狩猟小屋はビセンス邸や同時期に設計していたエル・カプリチョを思い起こさせる

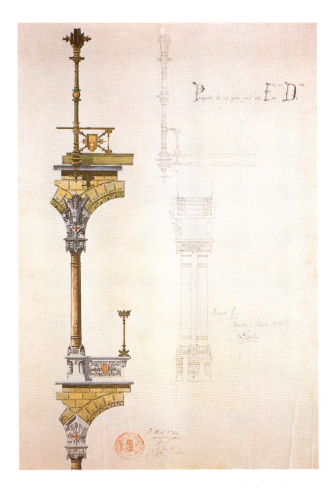

まだバルセロナの建築学校で勉強していた1876年に、ガウディはバルセロナ協議会のパティオを覆う柱廊をデザインした。柱頭とアーチは、ガウディが幾つもの作品で繰り返し使った、花のモチーフで装飾されている。

ガウディはこのプロジェクトで取りたいと望んでいた特別な賞を逃したものの、まだ学生であったにもかかわらず、その才能と想像力は限界を知らなかった。ドローイングのディテールと様式の多様性は、この若き建築家の才能をはっきりと示している。

1908年、ガウディの才能に魅了されたひとりのアメリカ人ビジネスマンが、マンハッタンの巨大ホテルを彼に依頼した。建築家は野心を抱き、300メートルの高さの、サグラダ・ファミリア聖堂を彷彿とさせる建物を設計した。このホテルについては、わずかな数のオリジナルドローイングが残っているだけである。

# Details and furnishings
ディテールと造作

# Stained glass windows
ステンドグラス窓

厚く、カラフルな色のガラスを製造する技術が発展したため、ステンドグラスの使用が増えた。装飾としての植物模様と様々な色彩は、多様で特有の光を内部空間に注ぐ。

ステンドグラス窓は、ガウディの作品において重要な要素である。この窓は、芸術を
建築の機能的様相と統合し、年を経て褪せていった芸術的伝統を回復しようとした
モダニスト達の努力を肯定するものである。

# Chimneys
煙突

ペドレラやグエル邸などの建物の屋上にそびえる様々な形態、不思議な煙突や換気塔は、改めてガウディの創造的才能を証明する。

煙突は、彫刻的な存在となり、中世の戦士のイメージを表現している。これらは自然から得た形態で覆われ、あるいはモザイクタイルで飾ることで色彩的単調さを脱している。ガウディはこの様に、屋根上のような、外観上目につかない部分にも彼の創造力を展開している。

# Trencadis
## トレンカディス（砕片）

ガウディは多彩色で不揃いのタイルの断片を使った、トレンカディスと呼ばれる装飾的技術で建物の表面を覆った。ファサードや様々な建築ディテールに用いられるこの手法は、ガウディのトレードマークの一つである。

ガウディは建築要素に仕上げを施すにあたって、タイルの破片を用いる古くからの地中海の伝統を復活させた。トレンカディスの採用は、建設費用の節約にもなった。

# Ceramics
タイル

ガウディは、地中海地域で用いられていたもう一つの古くからの装飾技術、陶器タイルの使用を復活させた。彼はまず、日常的かつ、様式化された要素から始め、驚くべき装飾的イメージをタイルで作りあげることに成功した。

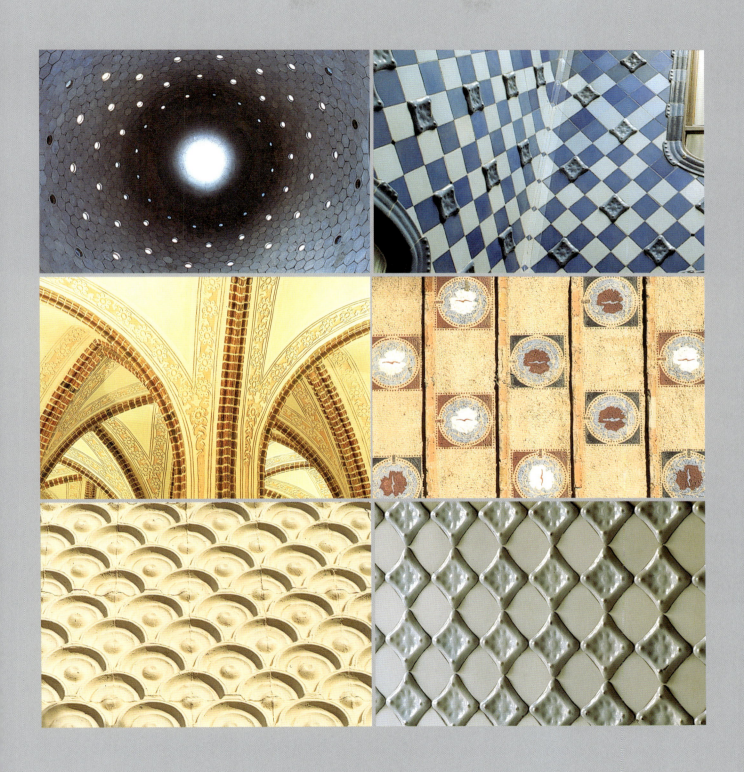

ガウディは、歴史的伝統と他文化からの装飾的アイデアとを組み合わせた。東洋文化やイスラム文化はたびたび彼の装飾に登場し、多様な形態で使われるタイルは、彼の作品の中で重要な役割を果たしている。

# Doors
扉

ガウディは、彼の時代に流行していた、固く冷たい様式から形態を自由にすることを選択した。扉などの、主要な建築要素は表現性と創造性をもって提示され、形式ばった制限から開放されている。

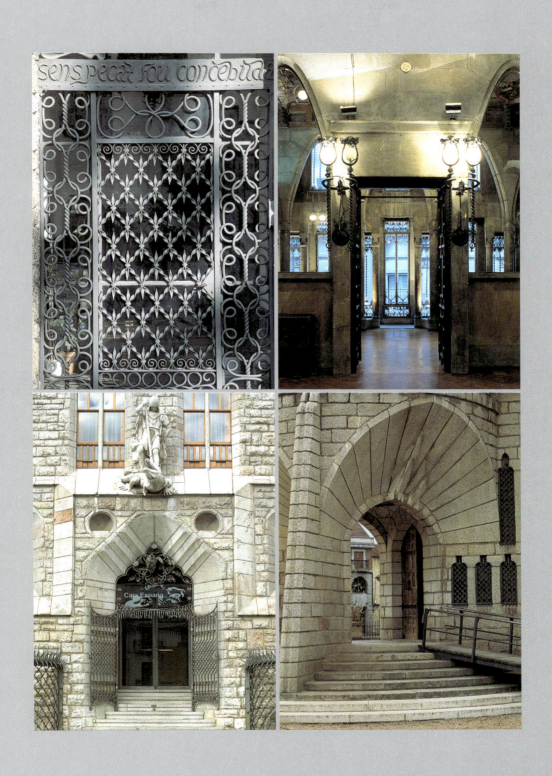

ガウディの時代には、いかなる形態、アイデア、色彩も展開可能であった。これによって彼の作品は革新的な概念で満たされることとなった。創造的芸術が建物のあらゆる部分をかたちづくり、それがガウディ建築の個性となった。

# Wrought iron
鉄細工

ガウディは、熟練した職人の技術にも助けられ、当時まだ新しい素材であった鉄を意欲的に採用し、象徴性に満ちた表現的形態を作った。

柵、窓、鉄細工の格子、階段の手すり、ドア、バルコニー、そしてベンチ…すべてが表現豊かな鉄細工による演出である。ガウディはこれらの要素を機能的な目的だけでなく、装飾としてデザインした。

# Animals
動物

ガウディの特別な創造的世界には、動物の表現も含まれる。そのうちのいくつかは、まさに完璧に近く、写実的である。その他は、芸術家の創造力から現れる生気をもった生き物として空想から生まれる。

ガウディは偉大な自然の観察者であった。彼の作品は動物形態を表現した形象で満たされている。彼の建築における動物の使用は、建物に生き生きとしたイメージを与えている。

# Natural motifs
自然のモチーフ

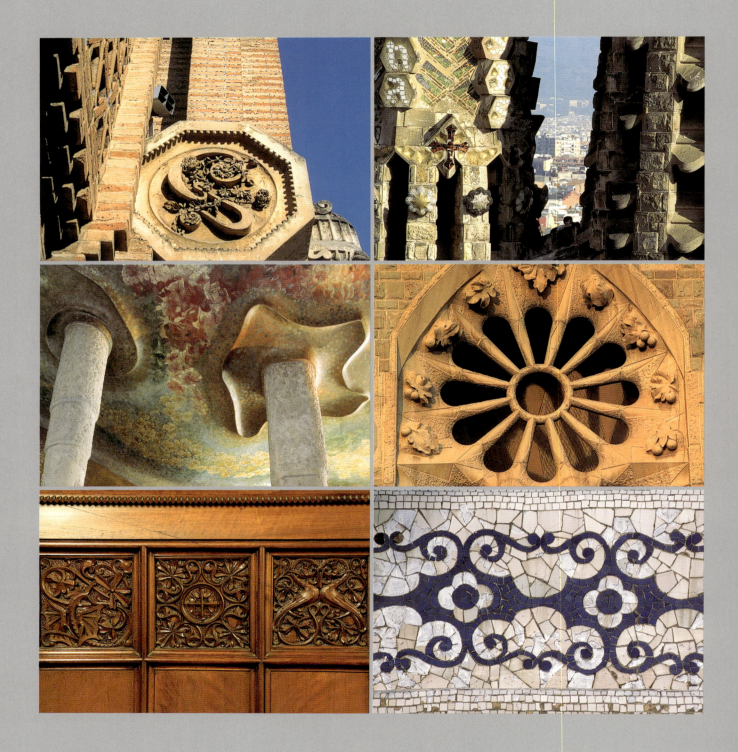

ガウディは、自然とは、人類が地球の友となるための手段、または指導者であると確信していた。建築をデザインする時には、常に自然はガウディを触発していた。

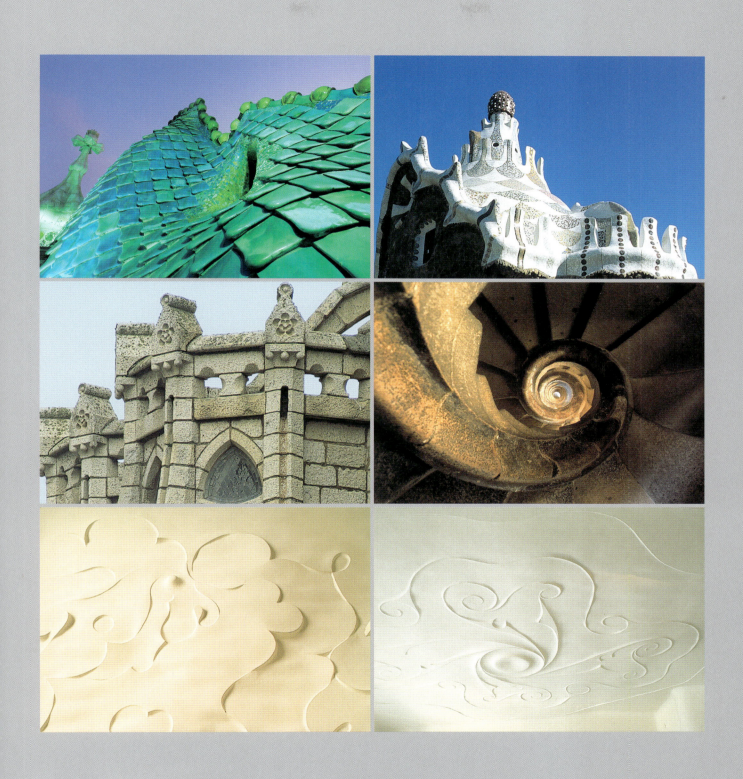

表現主義的な自然が、彼の作品に通底している。彼の建物はときおり生きた有機体のように見える。ガウディは、自身の感覚と才能によって彼独自の空想がつくりあげる世界で生きることになった。

# Religious motifs
## 宗教的なモチーフ

ガウディは、「私の魂は急いでいない」と、サグラダ・ファミリア聖堂の仕事についての焦りを指摘された時に言った。ガウディが彼の建築と人生を神に捧げたことは、その作品の多くが証明している。

ガウディの熱烈な信仰とカソリックへの献身はおおいに彼の仕事に影響を与えた。計画は宗教的な賞賛と、彼の強い民族主義的な感覚の表現となった。ガウディの信仰は、コロニア・グエル教会や、サグラダ・ファミリア聖堂などの建物からも明白である。

# Furnishings of Gaudi
## ガウディの家具

　空間および建築デザインにおいて、ガウディの創造力には限界がない。にもかかわらず、彼の作品には常に確固とした合理主義と建築的規範の深淵な知識が示されている。彼がデザインした家具には、機能性とオリジナリティの二重の美徳が特徴的である。

　ガウディは、プロジェクトのあらゆる部分を総合的に関連づけるような設計手法を好んだ。デザインすることの喜びが彼を発奮させ、ドアやのぞき穴、ドアノブ、鉢入れ、手すり、バルコニーなどを含めた内部と外部両方の造作や数々の装飾的要素をつくりだした。

　彼の家具デザインは、ソリッドな形態とシンプルな輪郭が特徴的である。この方法で、彼のトレードマークである、生き生きとした、曲がりくねった線が中世の造作の正確な線を復活させた。

　ガウディは、異なる様式を重ね合わせ、個性的で彫刻的な印象の表現に傾倒していった。全体的には職人的技法で作られているが、彼の作る家具は人間工学的な視点を持ちながら、有機的な形態に触発された美しい輪郭を持っている。

オーク材で造られたこれらの椅子は、印象的な線とシュールレアリスムの境界線上にあるしなやかな形態が特徴的である。ガウディは1903年、1905年にカサ・カルヴェットとカサ・バトリョのための椅子をデザインした。

ガウディがカサ・カルヴェットのためにデザインした鏡。オークを素材に使っており、
ネオバロックとシンプルな線のバランスがすばらしい。

# Gaudí by night
ガウディの夜景

Photographs of Gaudi by night:Roger Casas

ガウディの夜景

# Poetic vision
ポエティック・ビジョン

栄光は明るい。明るさは幸せを運んでくる。幸せとは精神の悦びである。

美とは真理のきらめきであり、そのきらめきは万人をとりこにする。芸術は万国共通なのだ。

独創性とは原点へ近づき、立ち戻っていくなかにある。

視覚は栄光の感覚、聴覚は信仰の感覚。

光は造形芸術の母である。建築とは奥行きであり、光の配分である。

どんな建物でもひび割れている。
どんな人間でも罪を負っているように。大切なことは、
それを致命傷にしないことだ。

# Appendix
追補

# Chronology of the life and work of Antoni Gaudí
略歴

**1852**
タラゴナ県レウスにフランシスコ・ガウディ・イ・セラと母アントニア・コルネ・イ・ベルトランの間に生をうける

**1867**
タラゴナ県レウスの雑誌「El Arlequin」に最初のドローイングが掲載。

**1867–1870**
ポブレ修道院の修復計画でホセフ・リベーラ、エドゥアルド・トダと働く。

**1873–1878**
バルセロナの建築学校で学ぶ。フィラデルフィア百年祭の展覧会にてスペインパビリオンを設計。
学生時代の計画案：県庁のパティオと桟橋を計画。

**1877**
バルセロナ市カタルーニャ広場の記念噴水を計画。バルセロナの総合病院を計画。
卒業設計として大学講堂を計画する。

**1878**
レアル広場の街灯デザイン。カサ・ビセンス草案。
エステバン・コメージャの手袋店のショーケースを計画。後に彼のパトロンとなるエウゼビ・グエルの目に留まる。

**1878–1882**
シウダデーラ公園でホセフ・フォンセレールと協同で計画。個人的にエントランスの門と滝を設計する。

**1879**
マタロ協同組合、エンリケ・ジロッシのためのキオスクの計画。
バルセロナ市グラシア通りのジベルト薬局の装飾を計画（1895年に取り壊される）。

**1880**
ホセフ・セラマレーラと協同してバルセロナ港の街灯を計画。

**1882**
バルセロナ市ガラフ海岸でエウゼビ・グエルにより委託され、狩猟の休憩所を設計。

**1883**
バルセロナ市、教区立アレージャ教会のサント・サクラメント礼拝堂のための祭壇にドローイング。

**1883–1888**
バルセロナ市カロリネス通りにタイル商マヌエル・ビセンスのための住宅を計画。1925年、建築家のホアン・バプティスタ・セラ・マルティネスが壁と敷地境界を修正し、2枚の支持壁の間の空間を拡張。

**1883–1885**
サンタンデール県子コミージャスに「エル・カプリチョ」として広く知られるマッシモ・ディアス・デ・キハーノのための住宅を計画。
建設の指揮は建築家でありガウディの学生時代の同僚、クリストバル・カスカンテ。

**1884–1887**
バルセロナ市アヴェニーダ・ペドラルベスにグエル別邸のパビリオン：管理人宿舎と馬小屋を計画。

**1883–1926**
サグラダ・ファミリア聖堂を計画。

**1886–1888**
バルセロナ市ランブラス通りにエウゼビ・グエルと家族の住宅、グエル邸を計画。1954年以来、建物はバルセロナ市劇場博物館本部を収容する。

**1888–1889**
修道会の創設者、エンリケ・オッソの依頼でバルセロナ市ガンドゥシェー通りにサンタ・テレジア学院を計画。

**1887–1893**
レオン市にアストルガ司教館を計画。ガウディはアストルガの司教、ホアン・バプティスタ・グラウ・イ・バリュスピノスから依頼を受ける。
1893年、司教の死によってガウディは計画を断念する。後にリカルド・ゲレータが完成させる。

**1892–1893**
レオンに「カサ・ボティーネス」として広く知られるフェルナンデスとアンドレスの住宅を計画。

**1895**
バルセロナ市にボデーガス・グエルを計画。